사군자四君子 한시선漢詩選

편역자 소개

김대현 kdh@jnu.ac.kr

현 전남대학교 국어국문학과 교수,
대학원 한문고전번역학과 교수이며,
사) 호남지방문헌연구소 소장으로 있다.
일찍이 태동고전연구소(지곡서당) 한문연수원을 거쳐
성균관대학교 강사, 한림대학교 교수 등을 역임하였다.
한국한문학, 호남지방문헌에 대한 연구 등을 진행하고 있다.

『역주 무등산유산기』(광주민속박물관, 2010)
『호남문집 기초목록』(전남대학교출판부, 2014)
『역주 고산유고』(정미문화사, 2015)
『무등산 한시선』(전남대학교출판부, 2016)
『광주문화재단 누정총서』(공편, 심미안, 2018) 외

김대현 교수의 주제별 한시선 2

사군자四君子 한시선漢詩選

인 쇄 2019년 2월 25일
발 행 2019년 2월 28일

편 역 김대현
발행인 정병석
발행처 전남대학교출판문화원
등 록 1981. 5. 21. 제53호
주 소 61186 광주광역시 북구 용봉로 77
전 화 (062) 530-0571~2
영업부 (062) 530-0573
팩 스 (062) 530-0579
홈페이지 http://www.cnup.co.kr
이메일 cnup0571@hanmail.net

값 10,000 원

ISBN 978-89-6849-621-9 (93810)

이 도서의 국립중앙도서관 출판시도서목록(CIP)은 서지정보유통지원시스템홈페이지(http://seoji.nl.go.kr)와
국가자료공동목록시스템(http://www.nl.go.kr/kolisnet)에서 이용하실 수 있습니다.
(CIP제어번호: CIP2019007193)

김대현 교수의 주제별 한시선 2

사군자 한시선

四君子漢詩選

김대현 편역

전남대학교출판문화원

■ 머리말

유년 시절을 떠올리면 내 귀에는 대숲의 바람소리가 들린다. 고향집 작은 텃밭 뒤 낮은 언덕은 대밭이었다. 바람이 불 때마다 그 대숲에선 사각사각 이야기 소리가 그치지 않았다. 대나무는 숲을 이룬 것만이 아니다. 농촌 마을 곳곳에는 소박한 대나무 울타리를 두른 집들이 많았다. 가을이 되어 어디선가 찬바람 불어오면 울타리 아래 노란 국화가 몇 송이씩 피어 있었다.

기다리던 봄은 늘 매화나무에서 시작되었다. 눈이 녹아드는 들길 따라 걷다보면 서 있는 매화나무 가지에서는 동글동글한 꽃망울이 벙글어지고 있었다. 어디 그 뿐이랴. 가끔 고개를 넘다보면 눈 덮인 소나무 아래 무리지은 파란 난. 따스한 봄바람이 스칠 때면 그 속에서 아름다운 꽃봉오리까지 올라오다니.

이러한 모습은 오랜 세월 우리나라 남녘땅의 사계절 풍경화였을 것이다. 매화와 난, 국화와 대나무를 사군자四君子라고 한다. 돌이켜 보면 나의 유년 시절은 온통 사군자에 둘러 싸여 있었다. 사계절 내내 향기롭고 아름다운 모습으로 나를 길러주었다. 그들과의 오랜 인연을 생각하면 늦은 감이 있지만, 우리나라 사군자 한시를 한데 모아 시선집을 만들어보고 싶었다.

이 책에서는 사군자를 네 가지로 각각 분리하지 않고 하나의 주제로 생각하여 작자의 시대 순으로 시를 엮었다.

매란국죽이 갖는 각각의 의미도 있지만 네 가지 모두 다 함께 통하는 사군자 정신이 있기에 이를 시대에 따라 살펴보았다.

사군자는 오랜 세월 애호되어 오는 동안 유교의 군자로서의 상징성 뿐 아니라 민속적인 상징이나 불교, 도교의 상징성이 더해졌다. 때문에 사군자 한시에는 옛 문인들이 추구하고자 했던 다양한 삶의 모습이 다채롭게 표현되어 있다.

사군자는 중국이나 한국을 비롯하여 일본이나 동남아시아에까지 걸쳐있던 상징적인 언어이며, 아시아 문화의 핵심 원형이다. 무엇보다 각 식물 특성이 덕과 학식을 갖춘 군자가 지녀야 할 훌륭한 덕목과 비슷하기 때문이다.

군자다운 삶을 사는 것, 예나 지금이나 그 어찌 쉬운 일이겠는가만 사군자 한시를 읽으면서 조금이라도 다시 그 뜻을 본받고 싶다. 이 책이 나의 유년을 지켜주던 사군자에게 보답하는 작은 선물이면 좋겠다. 그러한 아름다운 모습을 함께하였던 여러 벗들에게도 작은 추억이 되고 싶다.

2019년 이른 봄 사군자 향기 가득한 전라도에서

김 대 현

■ 목 차

호남의 5매 가운데 하나인 전남대학교 **'대명매'** 이다. 일찍이 중국에서 들어온 나무가 지금까지 계속되어 이른 봄이면 매화꽃이 만발하고 있다.

* 정지상(鄭知常, 1068~1135)

대나무를 읊다

긴 대나무 작은 집 동쪽으로
외롭고도 쓸쓸하게 수십 그루 서 있네
푸른 뿌리는 용처럼 땅으로 뻗어있고
차가운 잎은 옥이 바람에 우는 듯
빼어난 빛은 온갖 풀보다 고상하여
맑은 그늘 허공을 반쯤 덮어 가린다네
운치 있고 기묘하여 형용할 수 없어라
밤 서리 내리고 달 밝은 가운데서는

詠竹　　영죽

脩竹小軒東	수죽소헌동
蕭然數十叢	소연수십총
碧根龍走地	벽근용주지
寒葉玉鳴風	한엽옥명풍
秀色高群卉	수색고군훼
淸陰拂半空	청음불반공
幽奇不可狀	유기불가상
霜夜月明中	상야월명중

주석

- 수죽脩竹 : 수脩는 원래 육포 등의 포를 가리키는데, 그 마른 모습에서 대나무를 형용하는 데 사용되고 있다. 수脩는 또 길다는 뜻이 있어서, 수죽은 긴 대나무를 말한다.
- 소연蕭然 : 외롭고 쓸쓸하게. 소蕭는 맑은 대 쑥을 가리키는 말인데, 쑥은 늦가을의 모습을 지니기에 쓸쓸함으로 사용된다.
- 청음淸陰 : 맑은 그늘, 대나무 그늘을 말한다.
- 불拂 : 떨다, 스친다는 뜻으로 쓰인다.
- 유기幽奇 : 유幽는 숨는다는 뜻인데, 그윽하다, 아득하다, 운치 있다는 뜻으로도 쓰인다. 유기는 운치 있고 기묘하다는 말이다.

작자

정지상은 고려시대의 문인으로 호는 남호南湖이다. 서경(평양)의 한미한 가정에서 출생하였으나 1112년 과거에 합격하여 벼슬에 나아갔다. 인종의 총애를 받아 많은 활약을 하였으나 서경천도를 주장하던 묘청의 난에 연루되어 피살되었다. 한시 20여 편만 남아 있지만, 그 시대의 대표적 시인으로 일컬어진다. 이 시는 『보한집補閑集』에 실려 있다. 또 그의 '비 개인 긴 언덕에 풀빛이 선명하고/雨歇長堤草色多'로 시작되는 「송인送人」 시는 이별의 정을 노래한 한시로 애송되고 있다.

* 김부식(金富軾, 1075~1151)

국화꽃을 보며

늦가을에 온갖 풀 시들었건만
뜰 앞 감국은 서리 무릅쓰고 피었구나
풍상에 어쩔 수 없이 점점 시들어 가도
다정한 벌 나비 여전히 곁에 머무르네
두목은 중양절에 산봉우리에 오르고
도잠은 쓸쓸하게 흰옷 입은 이 기다렸다지
옛사람 생각하며 부질없는 탄식하니
밝은 달이 홀연히 황금술잔을 비추어 주네

對菊有感　　대국유감

季秋之月百草死	계추지월백초사
庭前甘菊凌霜開	정전감국능상개
無奈風霜漸飄薄	무내풍상점표박
多情蜂蝶猶徘徊	다정봉접유배회
杜牧登臨翠微上	두목등림취미상
陶潛悵望白衣來	도잠창망백의래
我思故人空三歎	아사고인공삼탄
明月忽照黃金罍	명월홀조황금뢰

주석

- 계추지월季秋之月 : 계季는 끝이라는 뜻이다. 계추季秋는 음력 9월에 해당한다.
- 감국甘菊 : 꽃은 약용藥用으로도 쓰이고, 국화차나 국화주를 만들 수 있다.
- 두목杜牧 : 당나라 시인 두목지杜牧之로 역사를 소재로 한 시에 능했고 시풍은 부드럽고 아름다웠다. 중양절에는 늘 산에 올랐다고 하는데, 그의 시에 '손과 더불어 술병을 들고 취미에 올랐다/與客携壺上翠微'는 구절이 있다. 취미翠微는 푸른 산을 두루 이르는 말이다.
- 도잠陶潛 : 도연명陶淵明. 중양절에 술 생각이 나지만 술이 없어서 울 밖에 나가 우두커니 섰노라니, 흰옷 입은 사람이 손에 국화를 따 들고 오는데 바로 강주자사江州刺史 왕홍王弘이 도잠에게 보내는 술을 지고 온 사람이었다. 그 후로 '흰 옷 입은 심부름꾼'은 술을 가져오는 사람을 가리킨다.
- 황금뢰黃金罍 : 뢰罍는 작은 구멍, 작은 술잔을 말한다. 황금으로 된 작은 술잔, 여기서는 국화꽃을 비유하는 말이다.

작자

김부식은 고려 중기의 유명한 관리이자 문인학자로 호는 뇌천雷川이다. 이자겸의 난이 평정된 뒤 1126년 어사대부가 되었다가 호부상서 한림학사승지 등을 역임하였다. 관직에서 물러난 뒤 인종의 명으로 역사서 『삼국사기三國史記』를 편찬하면서 사론史論을 직접 썼다. 문집은 20여 권이 있었지만 현재 전하지 않는다. 위의 시는 『동문선東文選』에 실려 있다.

* 정서(鄭敍, 1109?~1146?)

묵죽을 그린 후

한가로이 붓을 놀려
대나무 한 그루 그렸네
벽에 걸어 때때로 보니
그윽한 모습 속되지 않구나

題墨竹後	제묵죽후
閑餘弄筆硯	한여농필연
寫作一竿竹	사작일간죽
時於壁上看	시어벽상간
幽姿故不俗	유자고불속

주석

- 간죽竿竹 : 간竿은 장대처럼 곧은 것을 가리킨다. 간죽은 곧게 자란 대나무이다.
- 유자幽恣 : '그윽하고 운치 있는 자태'로 흔히 대나무를 형용할 때 쓴다.

작자

정서는 고려의 문인으로 호는 과정瓜亭이다. 문장에 뛰어났고 묵죽화墨竹畵에도 능하였다. 참소를 입어 고향 동래에 유배될 때 의종으로부터 곧 다시 부르겠다는 약속을 받았으나 오래도록 부르지 않자, 연군戀君의 정을 가요로 읊었다. 이를 『악학궤범樂學軌範』에서는 「삼진작三眞勺」이라 했고, 후세 사람들은 「정과정곡鄭瓜亭曲」이라고 부른다. 저서로는 『과정잡서瓜亭雜書』가 있다.

* 이인로(李仁老, 1152~1220)

죽취일에 대나무를 옮겨 심다

예나 지금이나 언덕 위 담비같이
하늘과 땅 사이 작은 초막에 사네
그대는 혼자 취하여
몽롱하여 갈 곳을 잊었구나
강산은 비록 다름이 있지만
풍경이야 본디 다름이 없으니
다시 술 깰 필요 없이
창 잡아 헛된 선비나 쫓아버리세
(절선)

竹醉日移竹　　죽취일이죽

古今一丘貂	고금일구초
天地眞蘧廬	천지진거려
此君獨酩酊	차군독명정
兀兀忘所如	올올망소여
江山雖有異	강산수유이
風景本無特	풍경본무특
不用更醒悟	부용갱성오
操戈便逐儒	조과편축유

(節選)

주석

- 원래 16행의 오언고시인데, 절선節選하였다. 절선은 시구의 일부분, 특히 앞부분만 선택하였다는 뜻이다.
- 죽취일竹醉日 : 음력 5월 13일이다. 대나무는 옮겨 심으면 잘 자라지 않는데 옛 속설에 이 날은 대나무가 크게 취하여 죽순이나 뿌리를 옮겨도 아픈 줄 모르고 잘 산다고 한다. 아마도 옮겨 심는 기후 조건에 가장 적합한 날을 그렇게 말하였을 것이다.
- 일구초一丘貂 : 성어로 '한 언덕에서 사는 담비'라는 뜻이다. 초는 담비라는 동물이다. 서로 비슷비슷한 종류가 모여 있는 것을 이르는 말이다.
- 거려籧廬 : 거는 대자리이다. 려는 누추한 집이란 뜻이다. 거려는 대자리가 깔려 있는 오두막집이다.
- 명정酩酊 : 정신精神을 차리지 못할 정도로 술에 몹시 취醉하다. 곤드레만드레 취하다.
- 올올兀兀 : 올올도도兀兀陶陶의 줄임말이다. 술에 취한 모양, 멍한 모양이다.
- 헛된 선비를 쫓다[逐儒] : 창을 잡는다는 말은 죽엽주竹葉酒를 마시는 일이다. 헛된 선비는 술도 마시지 않는 나약한 선비를 말한다.

작자

이인로는 고려 후기의 문신으로 호는 쌍명재雙明齋이다. 시문과 글씨에 뛰어났으며, 임춘·오세재 등과 '죽림고회竹林高會'를 이루어 활동하였다. 저술로는 『은대집銀臺集』·『쌍명재집雙明齋集』 등도 있었지만 현재 『파한집破閑集』만이 전한다. 위의 시는 『동문선東文選』에 실려 있다.

* 이규보(李奎報, 1168~1241)

매화

유령庾嶺에 추위 닥쳐 언 입술 터져도
붉은 빛 지녀 그 모습 변하지 않았네
오랑캐 피리소리에 놀라 떨어지지 말고
잘 기다리다가 역사驛使를 따라와야 할 거야
눈을 얹고 또 많은 눈꽃으로 꾸미고서
봄 오기 전에 먼저 피어 첫 번째 봄 이루었으니
옥 같은 살결 아직도 향기롭고 깨끗하여
약을 훔쳤던 항아가 달 속에 있는 모습 같아라

梅花	매화
庾嶺侵寒柝凍脣	유령침한탁동순
不將紅粉損天眞	부장홍분손천진
莫教驚落羌兒笛	막교경락강아적
好待來隨驛使塵	호대래수역사진
帶雪更粧千點雪	대설경장천점설
先春偸作一番春	선춘투작일번춘
玉肌尚有清香在	옥기상유청향재
竊藥姮娥月裏身	절약항아월이신

주석

- 유령庾嶺 : 중국 강서성江西省에 있는 산 이름으로 매화의 명소이다. 시의 첫 부분은 유령의 붉은 홍매를 그린 말이다.
- 강아적羌兒笛 : 일종의 호가胡笳로 오랑캐의 피리소리이다. 풀피리소리를 말하기도 하는데, 북풍을 가리키는 뜻으로도 쓴다. 그 곡조 가운데, '낙매화落梅花'란 곡이 있다.
- 역사驛使 : 요즘의 우체부를 말한다. 중국 삼국시대三國時代 오吳 나라 육개陸凱가 범엽范曄에게 보낸 시에 '매화를 꺾어 역사 편에 그대에게 부쳐줍니다.'라고 하였다.
- 항아姮娥 : 달에 사는 선녀이다. 『후한서後漢書』천문지天文志에 '유궁후예有窮后羿의 아내 항아가 예의 불사약不死藥을 훔쳐 먹고 월궁月宮으로 도망쳐서 항아가 되었다.'라고 하였다. 항아월이신姮娥月裏身은 매화의 옥 같은 살결, 청향이 감도는 모습을 항아의 아름다운 모습에 빗대어 한 말이다.

작자

이규보는 고려후기 문신이자 대표적인 문장가로 호가 백운거사白雲居士·삼혹호선생三酷好先生 등이다. 호탕활달한 시풍詩風은 일세를 풍미하였으며, 특히 벼슬에 임명될 때마다 그 감상을 읊은 즉흥시는 유명하다. 시·술·거문고를 즐겨 삼혹호三惑好선생이라 칭하였으며, 만년에 불교에 귀의하였다. 문집으로 『동국이상국집東國李相國集』이 있다. 위의 시 외에도 「옥매玉梅」, 「중구일에 국화를 읊다/重九日詠菊」를 비롯하여 많은 사군자 관련 시를 남기고 있다.

* 이규보(李奎報, 1168~1241)

국화를 읊다

봄의 신이 꽃 피우는 것 맡았거늘
어찌하여 가을 신이 또 꽃을 피우려는지
가을바람 날마다 소슬하게 불어오는데
따뜻한 기운 빌려다가 고운 꽃 피워놓네

봄의 힘 기대지 않고 가을 빛 믿고 피었기에
한 줄기 찬 꽃은 서리에도 늠름하구나
술 가진 사람 누군들 너를 저버릴 수 있으랴
도연명만이 그 향기 사랑했다 말하지 마라

詠菊	영국
青帝司花剪刻多	청제사화전각다
如何白帝又司花	여하백제우사화
金風日日吹蕭瑟	금풍일일취소슬
借底陽和放艷葩	차저양화방염파
不憑春力仗秋光	불빙춘력장추광
故作寒芳勿怕霜	고작한방물파상
有酒何人辜負汝	유주하인고부여
莫言陶令獨憐香	막언도령독련향

주석

- 청제青帝 : 음양오행에서 푸를 청靑은 봄을 상징하여, 오제五帝 가운데 청제는 봄과 동쪽을 주관하는 목신木神이다. 적제赤帝는 여름과 남방을 다스리는 화신火神이고, 황제黃帝는 토용土用과 중앙을 다스리는 토신土神이며, 백제白帝는 가을과 서방을 다스리는 금신金神이고, 흑제黑帝는 겨울과 북방을 다스리는 수신水神이다.
- 금풍金風 : 가을바람을 말한다. 『문선文選』「잡시雜詩」에 '가을이면 사립문에 가을바람 불어오고, 붉은 노을이 그늘을 열어주네/金風扇素節 丹霞啓陰期'라는 시구가 있다.
- 도령陶令 : 도연명陶淵明을 말한다. 송宋 나라 주돈이周敦頤의 「애련설愛蓮說」에 '초목草木의 꽃 가운데 사랑스러운 것이 매우 많지만, 진晉 나라 도연명은 유독 국화를 사랑하였다.'라고 하였다.
- 독련獨憐 : 홀로 좋아하다, 아끼다, 즐기다.

* 이규보(李奎報, 1168~1241)

죽순

묻나니, 분명 하늘로 치솟을 뜻 품었을텐데
무슨 일로 옆으로 담을 뚫고 자라는가
한시바삐 백 척 높이 대나무로 자라서
날마다 삶아 먹으려는 사람에게서 벗어나기를

竹筍	죽순
問渠端有干霄意	문거단유간소의
何事横穿壁罅生	하사횡천벽하생
速削琅玕高百尺	속삭낭간고백척
免教饞客日求烹	면교참객일구팽

주석

- 단端 : 분명하게도.
- 간소干霄 : 干은 방패 간, 범할 간. 하늘 소霄. 하늘을 범함, 하늘로 치솟는 모양이다.
- 천벽穿壁 : 벽을 뚫는다는 뜻.
- 속삭速削 : 빠르게 바로잡는다. 깎을 삭削은 바로잡는다는 뜻이다.
- 낭간琅玕 : 짙은 녹색 또는 청록색의 반투명한 비취翡翠 보석. 흔히 대나무의 푸른빛을 형용하였다. 청죽青竹을 가리킨다.
- 참객饞客 : 탐하다, 게걸스럽게 먹는다는 참饞. 죽순을 삶아 먹으려는 사람을 가리킨다.
- 교教 : ~로 하여금, 한시의 대표적인 조자助字 가운데 하나이다.

* 일연(一然, 1206~1289)

모랑의 집 매화나무

다리 위엔 눈이 쌓여 있고 얼음도 녹지 않아
계림의 봄빛은 아직 돌아오지 않았는데
어여빠라 봄의 신은 재주도 많아
먼저 모랑의 집 매화에 꽃을 피웠구나

毛郎梅	모랑매
雪擁金橋凍不開	설옹금교동불개
鷄林春色未全廻	계림춘색미전회
可怜青帝多才思	가령청제다재사
先著毛郎宅裏梅	선저모랑댁리매

주석

- 금교金橋 : 아름다운 다리를 말한다. 사찰에 있는 다리를 말하기도 한다.
- 계림鷄林 : 경주의 옛 이름, 신라의 다른 이름이다. 서라벌.
- 청제靑帝 : 청은 봄을 의미한다. 봄을 주관하는 신이다.
- 모랑댁毛郎宅 : 모례毛禮의 집을 말한다. 이미 집 정원에는 정원수로 매화나무를 심고 있음을 보여주고 있다. 이 시에서는 모랑에 의하여 신라에 불교가 전해지고 있음을 말한 것이다.

작자

일연은 고려 충렬왕 때의 승려로 경상도 경산에서 태어났다. 해양(海陽, 지금의 광주광역시)에 있던 무량사無量寺에서 학문을 닦다가 1219년 설악산 진전사陳田寺로 출가하였다. 승과에 장원급제한 후에 전국의 여러 사찰에서 수행하였는데, 청도 운문사雲門寺에 지내면서 선풍禪風을 크게 일으켰다. 만년에는 군위 화산華山의 인각사麟角寺에서 지냈다. 저서로 많은 불교 관련 저술을 남겼으며, 『삼국유사三國遺事』와 같은 역사서도 있다. 위의 시는 이 책 권3 「아도기라阿道基羅」 편에 나오는 찬시讚詩이다.

* 최항(崔恒, 1409~1474)

대숲 길의 맑은 바람

깊고 깊은 오솔길 지나 숲으로 들어서니
대나무는 진정 세한의 사귐을 지니고 있네
맑고 서늘한 곳 속세 밖의 고요함 있어
바쁘고 복잡한 세상의 소란스러움 막아내네
죽순은 자라 뿔처럼 솟고
성정 노래하니 곡조 더욱 높아져라
때때로 그림자 옛사람의 베개 흔들고
늘어서서 사각거리는 소리에 은자라고 불리우네

竹逕淸風	죽경청풍
幽逕深深入林皐	유경심심입림고
此君眞箇歲寒交	차군진개세한교
占斷淸凉物外靜	점단청량물외정
遮莫熱惱人間騷	차막열뇌인간소
兒孫長處角還嶄	아손장처각환참
情性吟來調更高	정성음래조갱고
有時影動羲黃枕	유시영동희황침
戞玉森然六逸號	알옥삼연육일호

주석

- 유경幽逕 : 오솔길. 그윽한 길.
- 차군此君 : 대나무를 이르는 고상하고 멋있는 이름. 진晉나라의 명필 왕희지王羲之의 아들 왕휘지王徽之는 집에 잠깐 거처할 때에도 언제나 대나무를 심도록 하였다고 한다. 어떤 사람이 그 이유를 묻자 '어떻게 하루라도 차군이 없이 지낼 수가 있겠는가/何可一日無此君耶'라고 대답한 고사가 전한다.
- 점단占斷 : 차지한다.
- 차막遮莫 : 막는다. 막을 차遮, 차막은 막아낸다는 뜻.
- 아손兒孫 : 대나무가 아들이나 손자처럼 뻗어나가 번식하는 것이다. 참嶄은 높이 솟다 가파르다는 말이니, 죽순이 뿔처럼 솟아남을 의미한다.
- 희황羲黃 : 복희씨와 황제, 은자의 뜻으로도 쓰인다.
- 알옥戛玉 : 옥 부딪치는 소리를 말한다.
- 삼연森然 : 빽빽하게 늘어선 모양이다.
- 육일六逸 : 탈속하여 초연하게 사는 사람, 죽계육일竹溪六逸이라 하여 여섯 은자를 가리키기도 한다.

작자

최항은 조선의 문신 학자이다. 호는 태허정太虛亭, 시호는 문정文靖이며, 본관은 삭녕朔寧이다. 1434년 알성문과에 장원급제하여 집현전 부수찬이 되었다. 문장에 능하여 명에 보내는 외교문서를 많이 작성하였다. 1443년에는 집현전 학사로서 정인지 등과 함께 『훈민정음』을 한글로 옮겨 풀었으며, 「용비어천가」에 주를 달아 풀이하기도 하였다. 저서로 『태허정집太虛亭集』이 있다.

* 충지(沖止, 1226~1292)

대나무 심는 걸 보다

옮겨 심은 꼿꼿한 대나무 한 그루
사랑스러워 바라보니 바위 사이에 천 자나 된 듯
지난 밤 비바람에 댓가지 소슬하게 울리니
마치 상강과 위수의 물가에 배를 댄 줄 알았네

觀種竹	관종죽
移植亭亭竹一竿	이식정정죽일간
愛看千尺依巖間	애간천척의암간
夜來風雨鳴蕭瑟	야래풍우명소슬
似泊湘江渭水灣	사박상강위수만

주석

- 이 시의 원제는 '선석암에 우거하면서 대나무 심는 걸 보다/寓居禪石庵觀種竹'이다. 선석암禪石庵은 전라도 구례에 있는 사성암이다. 선석禪石(참선하는 바위)이 있어 이름이 붙었다.
- 정정亭亭 : 우뚝하게 높이 솟은 모양을 말한다.
- 상강湘江 : 중국 광서성廣西省에서 발원하여 호남성湖南省으로 유입되는 호남성 최대의 강으로 동정호洞庭湖로 흘러 들어간다.
- 위수渭水 : 중국 감숙성 위원현 서북쪽 조서산鳥鼠山에서 발원하여 섬서성을 거쳐 낙수洛水와 합쳐진 뒤 황하黃河로 유입된다. 상강이나 위수는 다 대나무의 고장으로 알려져 있다.

작자

충지는 고려 후기의 승려이다. 속명은 위원개魏元凱, 자호는 복암宓庵, 첫 법명은 법환法桓, 나중 법명이 충지冲止이다. 전라남도 장흥 출신이며, 원나라 세조의 흠모를 받았고 원오圓悟의 법을 이어 수선사修禪社, 지금의 송광사松廣寺 제6세 국사가 되었다. 일찍이 1244년 문과에 장원壯元 급제하여 한림학사와 추밀원부사를 지내기도 하였다.

* 이곡(李穀, 1298~1351)

죽순을 먹으며

고향 산의 대나무는 땔감처럼 흔하여
죽순이 소반에 쌓여 있어도 진미가 못 되었다네
갑자기 푸른 옥 같은 대 묶음이 내 눈에 들어온 건
절인 나물이 싫어진 서울 나그네 된 때문이지

食筍	식순
故山篁竹賤如薪	고산황죽천여신
春筍堆盤不甚珍	춘순퇴반불심진
忽此眼明青玉束	홀차안명청옥속
鹽齏久厭客京塵	염제구염객경진

주석

- 황죽篁竹 : 대숲 황篁이다. 대나무 숲, 또는 그 숲을 이루고 있는 대를 말한다.
- 춘순春筍 : 봄에 돋아나는 죽순을 말한다.
- 염제鹽齏 : 소금에 절인 나물이다. 흔히 청빈하게 먹는 음식을 가리킨다. 한유韓愈의 송궁문送窮文에 '태학에 사년 있는 동안에 아침이면 나물을 먹고 저녁에는 소금을 먹었다/太學四年 朝齏暮鹽'에서 온 말이다.

작자

이곡은 고려 후기 문인학자로 호는 가정稼亭이다. 충목왕 때부터 정당문학政堂文學 등 여러 벼슬을 지냈으며 원나라에 가서 지내기도 하였다. 전원과 농사를 좋아하여 가정稼亭이라는 정자를 짓고 호를 삼았다. 문집으로 『가정집稼亭集』이 있다. 위의 시 외에도 「묵매墨梅」, 「대화梅花」 등의 사군자 시가 남아 있다.

* 정보(鄭誧, 1309~1345)

국화를 읊다

내가 황금빛 국화를 사랑하는 건
서리를 업신여기는 환한 빛이 있어서지
홀로 늦도록 서 있으니 더욱 좋은데
누가 말하는가 외로워 향기 미약하다고
바람서리 아무리 차고 매우나
그 위엄 또한 두려울 것 없어라
국화를 먹으면 늙음도 족히 막아주니
어찌 내 주림만 구제할 뿐이겠는가

詠菊	영국
我愛黃金菊	아애황금국
凌霜有光輝	능상유광휘
獨立晩更好	독립만경호
孰謂孤芳微	숙위고방미
風霜雖凜冽	풍상수늠렬
亦不畏其威	역불외기위
足以制頹齡	족이제퇴령
匪獨救我飢	비독구아기

주석

- 능상凌霜 : 서리 내림을 업신여기다. 국화를 상징하는 대표적인 시어이다.
- 독립獨立 : 국화 홀로 피어 있음을 뜻한다. 만경호晩更好는 시간이 흐를수록 더욱 좋아진다는 말이다. 더욱 더, 이어서 등의 뜻은 경更, 다시 재차 등의 뜻으로는 갱更으로 읽는다.
- 광휘光輝 : 환하고 아름답게 빛나다.
- 늠렬凜冽 : 매섭게 춥다.
- 퇴령頹齡 : 늙고 쇠한 나이.

작자

정보는 고려의 문신이다. 최해崔瀣의 문인으로 이곡李穀 등과 사귀며 시문과 글씨에 뛰어난 재질을 보였다. 1326년 과거에 급제하여 벼슬에 나아갔다. 이색의 「설곡시고서雪谷詩藁序」에 그의 시를 '맑아도 고고苦孤하지 않고, 화려해도 음탕하지 않아 사기辭氣가 우아하고 심원하여 결코 저속한 글자를 하나도 쓰지 않았다'라고 하여 높은 수준의 시경詩境을 이룬 것으로 평가하였다. 위의 시 외에도 「매화梅花」, 「매화梅」 등의 사군자 시가 남아 있다.

* 혜근(惠勤, 1320~1376)

대밭

넓은 대밭 난간 앞에 닿아 있어
사철 맑은 바람 거문고 소리 보내주네
대나무는 울창하여 하늘로 통하였는데
그림자 계단을 쓸어도 먼지 그대로 남아 있네

竹林	죽림
萬頃琅玕接檻前	만경랑간접함전
淸風四節送琴絃	청풍사절송금현
此君蔚密通霄志	차군울밀통소지
影掃堦中塵自然	영소계중진자연

주석

- 만경萬頃 : 이랑 경頃이니 만 이랑이다. 지면地面이나 수면水面이 아주 넓음을 일컫는 말이다.
- 금현琴絃 : 거문고의 줄.
- 울밀蔚密 : 울창하다. 성대하다.

작자

혜근은 고려 후기의 고승으로 그의 법호는 나옹懶翁이다. 중국의 지공指空·평산처림平山處林에게 법을 이어 받아 무학無學에게 전하여, 조선시대 불교의 초석을 세웠다고 한다. 이색李穡이 글을 지어 세운 비와 부도가 양주 회암사와 여주 신륵사 등에 있다.

* 이색(李穡, 1328~1396)

국화꽃을 보며

국화 난만하게 필적엔 사람도 난만하게 노니
불그스레한 연기 푸른 이슬 성에 가득하여라
이 좋은 산속 집 가을바람까지 불어오는 저녁
오직 노란 국화꽃 내 흰 머리 비추는구나

對菊有感　　대국유감

爛熳開時爛熳游　　난만개시란만유
煙紅露綠滿城浮　　연홍노록만성부
山齋又是秋風晩　　산재우시추풍만
只有黃花映白頭　　지유황화영백두

주석

- 유감有感 : 느낌이 있다. 흔히 시 제목으로 사용되는 표현이다.
- 난만爛熳 : 꽃이 활짝 핀 모양.
- 연홍煙紅 : 석양을 받아 불그스레해진 연기를 말한다.
- 노록露綠 : 푸르스름한 색이 번지는 아침 이슬을 말한다.

작자

이색은 고려말의 대표적인 문신이자 신유학을 발전시킨 학자로 호는 목은牧隱이다. 1367년에 공민왕이 성균관을 다시 짓자 대사성이 되었다. 시문에 뛰어났으며 저서로는 『목은문고牧隱文藁』와 『목은시고牧隱詩藁』 등이 있다. 위의 시 외에도 「대나무가 말라 죽은 데 대하여 탄식하다/竹枯歎」, 「시로써 매화를 빌리다/借梅花詩」, 「대를 읊다/詠竹」 등 많은 사군자 시를 남겼다.

* 정추(鄭樞, 1333~1382)

난을 읊다

맑은 이슬이 그윽한 자태 적시고
흰 달은 맑은 향기 드날리네
가시나무 떨기 사이에서도 의연하니
캐지 않은들 무엇이 안타까우랴
고상한 이 조용히 서로 마주하여
거문고 안고 한 번 길게 감탄하니
잠잠히 천 년의 뒤까지
공자의 도 다시 또 빛나겠구나

詠蘭	영란
淸露浥幽態	청로읍유태
皓月揚淸香	호월양청향
猗猗叢棘中	의의총극중
不採庸何傷	불채용하상
高人靜相對	고인정상대
援琴一歎長	원금일탄장
寥寥千載下	요요천재하
宣尼道更光	선니도갱광

주석

- 읍浥 : 적시다. 청로읍淸露浥은 난이 맑은 이슬에 젖어 있는 모습이다.
- 요요寥寥 : 적막하고 공허한 모양. 잠잠하다.
- 선니宣尼 : 한漢나라 평제平帝 때 포성선니공褒成宣尼公으로 추시追諡된 공자孔子를 가리킨다. 공자가 일찍이 난을 칭송하여 거문고 곡 「의란조猗蘭操」를 지었다.

작자

정추는 고려 후기 문신으로 대표적인 신흥 사대부의 일원이었다. 1366년 이존오李存吾와 함께 신돈辛旽을 탄핵하다가 처형당할 위기에 처하였으나, 이색李穡의 구원으로 동래 현령으로 좌천되는데 그쳤다. 그가 남긴 시와 글은 그의 아들에 의해 수집 정리되어 『원재집圓齋集』으로 간행되었다. 위의 시 외에도 「매화를 읊다/詠梅」 등의 사군자 시를 남겼다.

* 정추(鄭樞, 1333~1382)

대나무를 읊다

푸르고 푸른 두어 줄기 대
난이 자란 언덕에 솟아났구나
비어있는 속 현자에 견주고
단단한 마디 장부와 비교하네
봄 동산에 온갖 꽃 피어나니
향기로운 바람 유소휘장 흔든다
단지 참다운 감상 없다면
긴 지팡이 누가 돌보겠는가

詠竹	영죽
青青數竿竹	청청수간죽
羅生蘭坡隅	나생난파우
心虛擬賢者	심허의현자
節勁比丈夫	절경비장부
春園百花發	춘원백화발
香風撼流蘇	향풍감류소
獨不有眞賞	독불유진상
長笻孰此扶	장공숙차부

주석

- 유소流蘇 : 기旗나 가마[轎] 등에 장식으로 다는 술을 가리킨다. 보통 아름다운 꽃 봉우리를 말하지만, 여기서는 바람에 흔들리는 댓잎을 가리킨다.
- 난파蘭坡 : 난이 자라는 언덕이다.
- 장공長筇 : 긴 지팡이. 여기서는 대나무를 말한다.
- 부扶 : 어루만지다. 부축하다는 말이다.

* 정몽주(鄭夢周, 1337~1392)

매화

맑고 깨끗한 매화는
복사꽃 배꽃 뒤따라 피기 싫어한다지
외로운 신하 충성스러워 귀양을 가듯
어질고 아름다운 여자 부르기 어려운 듯
스스로 향기로운 덕 지녔는데
어찌 눈보라에 꺾이는 것 시름하리
이를 누구와 더불어 같이할거나
걸으며 돌며 날마다 배회한다네

梅	매
淡淡梅花樹	담담매화수
惡隨桃李開	악수도이개
孤臣忠見謫	고신충견적
淑女喚難來	숙녀환난래
自抱馨香德	자포형향덕
肯愁風雪摧	긍수풍설최
伊誰與同調	이수여동조
步繞日低徊	보요일저회

주석

- 담담淡淡 : 맑고 깨끗한 모양이다.
- 형향馨香 : 꽃다운 향기香氣. 향내
- 긍肯 : 어찌.
- 보요步繞 : 주변을 거닐다는 뜻이다.
- 저회低徊 : 머리를 숙이고 생각에 잠겨 이리저리 배회함.

작자

정몽주는 고려 말 대표적인 문신이자 학자로 호는 포은圃隱이다. 1360년 문과에 합격한 뒤, 여러 관직을 역임하였다. 의창을 세워 빈민을 구제하고 유학을 보급하였으며 성리학에 밝았다. 『주자가례』를 따라 개성에 5부 학당과 지방에 향교를 세워 교육진흥을 꾀했다. 시문에도 뛰어나 시조 「단심가」 외에 많은 한시가 전해지고 있다. 저서로 『포은집圃隱集』이 있다.

* 정도전(鄭道傳, 1342~1398)

뜰 앞의 국화

뜰 앞에 향기로운 국화 있는데
많은 풀 속에 가려져 있네
봄을 만나 제각기 아름다움 다투었으니
뉘라서 또다시 외로운 포기 돌보겠는가
어느덧 가을이라 눈서리 내리니
으스스 구슬픈 바람이 일어라
온갖 물건 다 시들고 병들었는데
아름다운 빛 홀로 싱싱하구나
(절선)

庭前菊	정전국
庭前有芳菊	정전유방국
掩翳衆草中	엄예중초중
當春各爭姸	당춘각쟁연
誰復念孤叢	수부념고총
忽焉霜霰秋	홀언상산추
蕭颯多悲風	소삽다비풍
百物盡凋瘵	백물진조채
佳色獨葱葱	가색독총총

(節選)

주석

- 엄예掩翳 : 가리다. 숨기다.
- 상산霜霰 : 서리와 싸락눈.
- 소삽蕭颯 : 가을바람이 쓸쓸하게 부는 모양.
- 총총葱葱 : 푸르고 푸르다. 생생한 푸른빛.

작자

정도전은 고려 말의 문신으로 호는 삼봉三峯이다. 고려에서 조선으로 교체되는 격동의 시기에 역사의 중심에서 새 왕조를 설계한 인물이다. 그러나 자신이 꿈꾸던 성리학적 이상 세계의 실현을 보지 못하고 1398년 제1차 왕자의 난 때 이방원이 이끄는 세력에 의해 죽임을 당하였다. 조선 왕조의 끝자락에 가서야 겨우 신원되는 극단적인 삶을 살았다. 『경국대전經國大典』의 기반이 된 「조선경국전朝鮮經國典」을 작성하였다. 문집으로 『삼봉집三峯集』이 있다. 위의 시 외에도 「매화를 읊다/詠梅」 등 사군자 시가 있다.

* 정도전(鄭道傳, 1342~1398)

대숲 안의 집

고상한 사람 대나무로 집을 만드니
대와 사람이 모두 함께 맑아라
달 뜬 저녁에는 그림자 춤을 추고
아침 바람에는 대나무 소리 우수수
제 마음을 홀로 허락하니
굳은 절개가 곧을 수밖에 없구나
서로 대하면 유익한 친구되니
다만 내 삶을 여기에 의탁해야지

竹所	죽소
高人竹爲所	고인죽위소
竹與人共淸	죽여인공청
婆娑月夕影	파사월석영
淅瀝風朝聲	석력풍조성
渠心獨自許	거심독자허
苦節乃可貞	고절내가정
對比成益友	대비성익우
聊以寄此生	료이기차생

주석

- 죽소竹所 : 대나무 숲 속에 지은 처소. 작자가 전라도 나주로 귀양 갔을 때 읊은 시로 여겨진다.
- 파사婆娑 : 천천히 흔들리는 모양.
- 석력淅瀝 : 비나 눈이 내리는 소리.
- 고절苦節 : 어떠한 고난을 당하거나 어려운 지경에 빠져도 변하지 않는 굳은 절개를 말한다.
- 익우益友 : 유익한 친구, 익자삼우益者三友의 줄임말이다. 대나무는 곧으니 늘 유익한 친구로 여겨졌다.

* 조준(趙浚, 1346~1405)

분에 심은 난을 읊다

차고 아름다운 모습은 공자의 곡조
외로운 향기는 굴원의 읊조림
향기 맑아질 때 비로소 달이 떠오르니
옛 사람의 마음을 알 만하구나

詠盆蘭	영분란
寒色宣尼操	한색선니조
孤芳楚澤吟	고방초택음
香清月初上	향청월초상
識得故人心	식득고인심

주석

- 선니宣尼 : 공자孔子를 말한다.
- 조操 : 품행이나 지조. 여기서는 공자가 만든 거문고 곡인 「의란조猗蘭操」를 가리키는 말이다.
- 고방孤芳 : 홀로 향기로운 꽃.
- 초택楚澤 : 초나라의 굴원屈原이 참소를 받고 쫓겨나 노닐었던 곳이다. 굴원은 난을 엮어 허리에 차고 연못가에서 시를 읊었다.

작자

조준은 고려 말의 문신으로 호는 우재吁齋, 송당松堂이다. 1388년 이성계李成桂가 위화도 회군 후 중망重望이 있는 조준을 대사헌大司憲에 발탁하여 크고 작은 일을 자문하였다. 이에 그는 개혁의 방향을 제시하였다. 저서로는 『송당집松堂集』이 있다. 위의 시 외에도 「분에 심은 국화를 읊다/詠盆菊」, 「뜰에 핀 국화/庭菊」 등의 사군자 시가 있다.

* 권근(權近, 1352~1409)

예문관 여러 사람의 매화시에 차운하여

울밑의 찬 매화 하얀 꽃이 피어나니
이슬 머금은 옥 같은 살결 탐스러워라
가지를 꺾어오면 꽃 맵시 해칠까 보아
날마다 옆에 가서 그윽한 향을 맡는다네

次韻藝文諸子賦梅　차운예문제자부매

籬下寒梅綻素衣　　이하한매탄소의
嬋姸含露玉肌肥　　선연함로옥기비
折枝却恐花容損　　절지각공화용손
閑傍幽香日日歸　　한방유향일일귀

주석

- 탄綻 : 솔기가 터지다, 꽃망울이 터지다는 뜻이다.
- 소의素衣 : 색과 무늬가 없는 흰옷을 말한다. 여기서는 흰 매화를 비유하였다.
- 한방閑傍 : 막을 한閑은 여기서 지킨다는 뜻이다. 매화나무 곁을 지키다.

작자

권근은 고려 말 조선 초의 문신 학자로 호는 양촌陽村이다. 문장에 뛰어났으며, 경학經學에도 밝아 사서오경四書五經의 구결口訣을 정하였다. 성리학자이면서도 문학을 존중하였고, 시부사장詩賦詞章의 실용성을 중시하여 이를 장려하였다. 저서로는 시문집 『양촌집陽村集』 외에도 『입학도설入學圖說』과 『오경천견록五經淺見錄』으로 많은 학자들에게 영향을 주었다. 저서에 『양촌문집陽村文集』이 있다. 위의 시 외에도 「궁매/宮梅」, 「남씨댁의 매화를 읊다/詠南氏宅梅花」, 「영죽운/詠竹韻」 등의 사군자 시가 있다.

* 권근(權近, 1352~1409)

난

구원의 그윽한 난 빼어나기도 해
맑은 바람이 국향을 보내오네
거문고 곡조 속엔 뜻이 담겨있지만
패물로 찬 사람도 슬픔이 많아라
향기로워라 남은 향기 멀리 나가고
아름다워라 흔들리는 잎조차 길어
응당 은총의 명을 받게 되면
손에 쥐고 들어가리 궁궐 안으로

蘭	난
九畹幽蘭秀	구원유란수
清風送國香	청풍송국향
操琴知有意	조금지유의
紉佩謾多傷	인패만다상
馥馥餘芬遠	복복여분원
猗猗奕葉長	의의혁엽장
應將承寵命	응장승총명
手握入明光	수악입명광

주석

- 구원九畹 : 난초 심은 동산을 말한다. 원畹은 밭을 나타내는 면적이다. 1원畹은 여러 설이 있지만, 보통 12무畝를 말한다. 1무畝는 현재 중국에서 200평 정도로 계산하고 있다. 굴원의 『이소경離騷經』에 '내 이미 난초를 구원에 기르고, 또 혜초를 백무에 심었노라/余旣滋蘭之九畹兮, 又樹蕙之百畝"라는 구절이 있다.
- 유란幽蘭 : 검은 빛이 감도는 난초. 거문고의 곡으로 유명한 공자의 유란곡幽蘭曲, 의란조猗蘭操를 가리키는 말이다. 그는 난의 짙은 향기를 맡기 위해 많은 이들이 몰려오는데, 굳이 자신을 알리려 노심초사할 이유가 없다는 데까지 생각이 미쳤다. 그러한 심사를 담아 거문고 곡을 연주하니 그것이 『시경』에 전해지는 최초의 거문고 작품이다.
- 국향國香 : 나라의 향기. 난蘭을 가리키는 이름이다. 중국의 황정견黃庭堅이 '난의 향기는 나라를 뒤덮을 만하여 국향이라고 부르는 것이다/蘭之香蓋一國則曰國香' 라고 한데서 비롯되었다.
- 조금操琴 : 거문고의 곡조 또는 거문고를 타다.
- 인패紉佩 : 패물처럼 매달고 다니는 것을 가리킨다. 초나라의 굴원은 난을 꺾어서 허리에 차고 시를 읊었다.
- 명광明光 : 명광전明光殿이라는 이름에서 흔히 궁궐의 뜻으로 쓰인다.

* 권근(權近, 1352~1409)

대나무를 노래하다

대나무 보니 순임금 비妃가 생각나네
핏방울 아롱진 반점 아직도 남아있구나
천년 눈서리에 굳센 절개 품고
어느 집 바람 부는 날 푸른 구름에 스친다지

詠竹韻	영죽운
此君相對憶湘君	차군상대억상군
血點斕斑半未分	혈점란반반미분
千載雪霜懷勁節	천재설상회경절
一軒風日拂蒼雲	일헌풍일불창운

주석

- 상군湘君 : 요堯임금의 딸 아황娥黃과 여영女英이 함께 순임금에게 시집갔는데 순임금이 창오蒼梧에서 죽자 그리움을 떨치지 못해 상수에 몸을 던져 상수湘水의 신神이 되었다. 이를 상군이라고 한다.
- 난반爛斑 : 문채文彩 있는 모양이다. 여기서는 얼룩진 무늬가 있는 반죽斑竹을 가리킨다. 순임금의 두 비였던 아황과 여영의 눈물이 소상강 가 대나무에 남아 얼룩으로 반죽이 되었다. 상비죽湘妃竹, 소상반죽瀟湘斑竹이라고 한다.
- 반미분半未分 : 절반이 안 되다. 조금 남아 있다는 말이다.
- 천재千載 : 천년 또는 오랜 세월을 형용한 말이다.

* 변계량(卞季良, 1369~1430)

유선달 댁의 매화를 읊다

봄 깊은 정원에 바람은 싸늘한데
한 그루 매화 난간에 비치네
탐스런 하얀 망울 높은 선비 감상할 만
그윽한 자태 속인이 볼까 꺼려한다네
달빛 어린 여윈 모습 가지마다 고요하고
바람결에 이는 향기 봉우리마다 둥글둥글
나그네 오늘 밤 감회가 깊으니
어이하여 가을 난蘭만 읊는단 말인가

詠柳先達宅梅花　영유선달댁매화

春深庭院尙風寒　　춘심정원상풍한
一樹梅花映畵欄　　일수매화영화난
粉艶只宜高士翫　　분염지의고사완
幽姿應忌俗人看　　유자응기속인간
月臨影瘦枝枝靜　　월림영수지지정
風度香生箇箇團　　풍도향생개개단
楚客我今重有感　　초객아금중유감
奈何唯解咏秋蘭　　내하유해영추란

주석

- 고사高士 : 인품이 고상하여 속세에 나오지 않고 은거하여 벼슬하지 않는 군자君子를 말한다.
- 완翫 : 희롱戱弄하다. 재미있게 놀다.
- 지지枝枝 : 가지마다.
- 개개箇箇 : 낱낱이.
- 초객楚客 : 초나라의 유배객 굴원을 가리킨다, 흔히 유배객이나 나그네의 뜻으로도 쓴다.
- 추란秋蘭 : 가을 난, 굴원이 '추란'을 읊었다.

작자

변계량은 고려 말 조선 초의 정치가로 호는 춘정春亭이다. 이색·정몽주 밑에서 가르침을 받고, 고려 우왕 때인 1385년 문과에 급제하여 관직에 나아갔다. 문장이 뛰어나 세종의 명으로 흥덕사興德寺에서 『국조보감國朝寶鑑』을 엮었다. 또 저서로 『춘정선생문집春亭先生文集』이 있다. 위의 시 외에도 「시월에 국화를 보고/十月見菊」 등의 사군자 시를 남겼다.

* 김극기(金克己, 생몰년 미상)

대나무를 노래하다

대나무 밭 서너 이랑
머잖아 뿌리 뻗기 시작하리
두보의 집에선 처음으로 벽을 뚫었고
한유의 정자에선 담장 밖으로 뻗어 나왔지
사물이 자람은 원래 절로 얻어지는 것
하늘의 뜻을 어찌 다 말하리
흡사 기수에서 노니는 듯
아름다워라 푸르름 가득 찬 원림

詠竹	영죽
琅玕三數苗	낭간삼수묘
早晩始移根	조만시이근
杜舍初穿壁	두사초천벽
韓亭漸出垣	한정점출원
物生元自得	물생원자득
天意竟何言	천의경하언
怳似遊淇水	황사유기수
猗猗綠滿園	의의록만원

주석

- 이근移根 : 뿌리째 옮기다.
- 두사杜舍 : 당나라 시인 두보의 집이다.
- 한정韓亭 : 당나라 시인 한유의 정자이다.
- 천벽穿壁 : 벽에 구멍을 뚫어 이웃집의 불빛을 빌다. 가난하나 학문에 힘쓰다.
- 의의猗猗 : 아름답고 무성한 모양. 번창한 모양.

작자

김극기는 고려 후기의 문인으로 호는 노봉老峰이다. 뛰어난 문장가로서 특히 농민반란이 계속 일어나던 시대에 농민들의 모습을 애정 어린 모습으로 적극 표현하였다. 또한 우리나라 산천에 관한 많은 시를 남기고 있다. 이인로李仁老는 그의 문집 『김거사집金居士集』의 서문에 '참으로 난새나 봉황 같은 인물이었다.'고 하여 고고한 행적을 찬양했다. 그러나 그의 문집은 남아있지 않고, 여기저기 시문들이 흩어져 있었다. 최근에 그의 시들이 모아져 『김극기 한시선』으로 번역되었다.

* 유방선(柳方善, 1388~1443)

매화와 대나무를 노래하다

두어 그루 새로 돋은 대 옥처럼 떨기 이루고
한 그루 차가운 매화 눈처럼 허공에 비춘다
바람에 암향 일어 살며시 풍기어오고
달 비낀 성근 그림자 맑은 모습 서로 감싸네
곧은 마음 굳센 절개 서리 내린 뒤이고
교묘한 자태 고운 모습 가랑비 속이라지
담박하여라 화려한 치장 없으니
어찌 봄빛 따라 여러 꽃들과 다툴 것인가

詠梅竹	영매죽
數枝新竹玉成叢	수지신죽옥성총
一樹寒梅雪映空	일수한매설영공
風起暗香微自發	풍기암향미자발
月斜疏影淡相籠	월사소영담상롱
貞心苦節淸霜後	정심고절청상후
巧態姸姿細雨中	교태연자세우중
澹泊已無華麗習	담박이무화려습
肯隨春色鬪群紅	긍수춘색투군홍

주석

- 옥성총玉成叢 : 파란 옥같은 대나무가 무리를 이룬 모습.
- 설영공雪映空 : 매화꽃이 하얀 눈처럼 하늘에 비치는 모습.
- 암향暗香 : 암暗은 자기도 모르는 사이에, 소리 없이, 남몰래의 뜻으로 쓰였다. 소리 없이 은근하게 풍기는 향기. 매화를 가리키는 시어이다.
- 소영疏影 : 드문드문 비치는 그림자이다. 고매의 가지가 드무니 그림자도 드물게 비친다는 뜻이다.
- 정심貞心 : 절개를 지키는 굳은 마음을 말한다.

작자

유방선은 조선 초기의 문인으로 호는 태재泰齋이다. 변계량卞季良과 권근權近에게 경서의 뜻을 배워 잘 이어나갔다. 문집으로 『태재집泰齋集』이 있다. 위의 시 외에도 「대나무竹」 등의 사군자 시를 남겼다.

＊ 김수온(金守溫, 1410~1481)

대숲 길의 맑은 바람

이름난 정원 외진 곳에 오르니
쭉쭉 뻗은 대나무 무성하게 자랐구나
조그만 길 언덕 뚫고 비스듬한데
고상한 발자취 청려장을 세워두었나
해맑은 바람 불면 옛 친구 찾아오는 듯
대 그림자 움직이니 생쥐 놀라 숨는다네
다행히 조용하게 숨어 사는 나그네 덕에
이 발길 여길 향해 찾아 왔다네

竹逕淸風	죽경청풍
名園登窅窈	명원등요요
脩竹倚萋萋	수죽의처처
小逕斜穿塢	소경사천오
高蹤或柱藜	고종혹주려
淸飇來故友	청표래고우
幽影竄驚鼷	유영찬경혜
賴有羊裘客	뇌유양구객
相將向此躋	상장향차제

주석

- 요요窅窱 : 그윽하고 고요하다는 뜻이다.
- 수죽脩竹 : 길게 자란 대나무를 말한다.
- 처처萋萋 : 풀이 무성하다. 우거지다.
- 고종高蹤 : 고상한 행동.
- 양구羊裘 : 양의 가죽으로 만든 옷. 『후한서』에 '양가죽 옷을 입고 물고기를 낚는다/羊裘垂釣'라는 말이 있다. 여기서 양구는 숨어사는 은자隱者를 이른다.

작자

김수온은 조선 초기의 문신·학자로 호는 괴애乖崖·식우拭疣이다. 세종 때 집현전 학사를 지내면서 『치평요람治平要覽』을 편찬하였다. 위의 시는 안평대군의 「비해당사십팔영匪懈堂四十八詠」 시제 중 하나이다. 같은 시로 「예쁘게 핀 매화/輕盈玉梅」, 「서리를 무릅쓴 국화/凌霜菊」 등이 있다. 저서로 『식우집拭疣集』을 남겼다.

* 신숙주(申叔舟, 1417~1475)

눈을 무릅쓴 난

눈 덮인 고독한 떨기 초나라 언덕의 난
허리에 차는 사람 없이 한 해만 저물려 해
그윽한 향기 세상사로 인해 쇠잔하진 않으니
『이소경』을 읽은 후 나로 하여금 탄식하게 하네

傲雪蘭 오설란

雪壓孤叢楚畹蘭 설압고총초원란
無人紉佩歲將闌 무인인패세장란
幽香不爲世衰歇 유향불위세쇠헐
讀罷騷經使我歎 독파소경사아탄

주석

- 초원楚畹 : 난초를 심은 밭. 초나라 굴원이 심었다는 난 밭이다. 『이소경離騷經』에 "내 이미 난초를 구원에 기르고 또 혜초를 백무에 심었노라/余旣滋蘭之九畹兮 又樹蕙之百畝"라는 구절이 있다.
- 인패紉佩 : 찰인, 찰패이다. 난을 엮어서 허리에 차는 것을 말한다.
- 소경騷經 : 굴원의 작품 『이소경』을 말한다. 그 가운데 '가을 난초를 엮어서 허리춤에 차노라/紉秋蘭以爲佩' 라는 구절이 있다. 시인들은 오랫동안 이를 차용하였는데, 고상한 행동, 고결한 마음 등을 뜻하게 되었다.

작자

신숙주는 조선 초의 문신으로 호는 보한재保閑齋이다. 그는 수양대군을 도와서 정난공신靖難功臣이 되었다. 위의 시는 안평대군의 「비해당사십팔영匪懈堂四十八詠」 시제 중 하나이다. 이와 같은 시로 「예쁘게 핀 매화/輕盈玉梅」, 「서리 무릅쓴 국화/凌霜菊」, 「눈을 무릅쓴 난/傲雪蘭」 등도 그의 저서인 『보한재집保閑齋集』에 실려 있다. 이외에도 「광후의 국화시에 차운하다/次光后菊花詩」 등 많은 사군자 시가 있다.

* 신숙주(申叔舟, 1417~1475)

대숲 길의 맑은 바람

대나무 숲길에 푸른 구름 내려앉은 듯
살랑이는 맑은 바람 티끌 한 점 없어라
속세의 무더위 뼛속까지 스밀 때
대나무는 기다리리 친구가 찾아오기를

竹逕淸風	죽경청풍
脩篁夾逕碧雲堆	수황협경벽운퇴
徙倚瀟然絶點埃	사의소연절점애
世上炎蒸薰到骨	세상염증훈도골
此君應待故人來	차군응대고인래

주석

- 죽경청풍竹逕淸風 : 이 시도 안평대군의 「비해당사십팔영匪懈堂四十八詠」의 시제 중 하나로 이를 차운한 것이다.
- 수황脩篁 : 긴 대나무로 이루어진 숲. 수脩는 길다는 뜻이고, 황篁은 대나무, 대숲이라는 말이다.
- 사의徙倚 : 배회하다. 한가롭게 이리저리 거닐다. 살랑거리다는 뜻으로 쓰였다.
- 소연瀟然 : 산뜻한 모양.
- 염증炎蒸 : 찌는 듯한 더위.
- 응대應待 : 손님을 맞아들여 접대함을 말한다. 여기서는 기다리다는 뜻으로 쓰였다.

* 강희안(姜希顔, 1417~1464)

매화

한밤 서호에 눈 내릴 때
작은 가지에서 매화 향기 나오네
꿈에서도 이렇게 맑은 모습이더니
달빛 어린 창가에 성긴 그림자 비치다니

梅花	매화
西湖半夜雪	서호반야설
香自亞枝來	향자아지래
夢寐清如許	몽매청여허
疎窓月上梅	소창월상매

주석

- 반야半夜 : 한 밤중. 반半은 한창, 절정의 뜻이 있다.
- 아지亞枝 : 작은 가지. 아亞는 막 자라난 가지를 말한다.
- 소창疎窓 : 성길 소疎이다. 보통 성긴 매화 가지가 비치는 창을 말한다.

작자

강희안은 조선 전기의 문신이자 화가로 호는 인재仁齋이다. 할아버지는 산청 단속사의 정당매政堂梅로 유명하였던 강회백, 동생이 강희맹이었고, 세종대왕은 그의 이모부였다. 「용비어천가龍飛御天歌」의 주석을 붙였으며, 『동국정운東國正韻』을 완성하기도 하였다. 시와 글씨, 그림에 모두 뛰어나 '삼절三絶'이라 불렸다. 저서로는 많은 원고가 유실되고 원예에 관한 전문서인 『양화소록養花小錄』이 남아 있다. 이 책은 사람들이 완상玩賞하여 온 꽃과 나무 몇 십 종을 들어 그 재배법과 이용법을 설명하였다. 또 꽃과 나무의 품격과 그 의미, 상징성을 논하고 있어 우리나라 꽃 문화사에서 매우 중요한 저술이다. 위의 시는 이 책에 실려 있다.

* 성삼문(成三問, 1418~1456)

대숲 길의 맑은 바람

대나무 스친 바람 소리도 푸르고
바람 머금은 대 그림자 맑기만 하네
숨어사는 사람 일이라곤 없어서
홀로 앉아 황정경 베껴 쓴다네

竹逕淸風	죽경청풍
度竹風聲碧	도죽풍성벽
含風竹影淸	함풍죽영청
幽人無一事	유인무일사
獨坐寫黃庭	독좌사황정

주석

- 죽경竹逕 : 대숲 속으로 난 길을 말한다.
- 죽풍竹風 : 대나무 숲에서 부는 바람이다. 풍죽風竹은 바람을 머금은 대나무를 말한다.
- 황정경黃庭經 : 양생과 수련의 원리를 가르치던 초기 도교道敎의 경전이다. 위부인魏夫人이 전한 『황제내경경黃帝內景經』, 왕희지王羲之가 베껴서 거위와 바꾸었다는 『황제외경경黃帝外景經』, 『황정둔갑연신경黃庭遁甲緣身經』, 『황정옥축경黃庭玉軸經』의 네 가지가 있다. 내용은 무욕無欲의 도를 설파한 것이다.

작자

성삼문은 집현전 학사 출신으로 문신학자이다. 그는 1455년 수양대군이 단종을 내쫓고 왕위에 올라 세조가 되자 이듬해 단종 복위를 계획하다 발각되어 능지처참을 당하였다. 그래서 사육신死六臣이라 부른다. 위의 시는 안평대군의 「비해당사십팔영匪懈堂四十八詠」의 시제 중 하나로 이를 차운한 것이다. 이와 같은 시로 「예쁘게 핀 매화/輕盈玉梅」, 「서리 무릅쓴 국화/凌霜菊」, 「눈을 무릅쓴 난/傲雪蘭」 등도 그의 문집 『매죽헌집梅竹軒集』에 실려 있다.

* 서거정(徐居正, 1420~1488)

매화를 읊다

봄소식 첫 번째 가지에 가장 먼저 왔기에
창문 열고 온종일 그윽한 자태 구경하였네
은은한 향 성긴 그림자 맑기가 이러하니
육안으로 진면을 잘 볼 사람 없을 거야
시옹의 풍격은 세속을 초탈하기에
차가운 꽃송이를 한사코 사랑한다네
웃음 찾아 처마 돌며 읊어 마지않음은
나부산 달빛이 꿈속에서 이끄는 듯

詠梅	영매
春信先歸第一枝	춘신선귀제일지
開窓終日看幽姿	개창종일간유자
暗香疎影淸如許	암향소영청여허
肉眼無人仔細看	육안무인자세간
詩翁風格正翛然	시옹풍격정소연
冷蘂寒芳抵死憐	냉예한방저사련
索笑巡簷吟未已	색소순첨음미이
羅浮月色夢相牽	나부월색몽상견

주석

- 이 시는 '화중의 시에 차운하여/次和仲韻'이라고 부제가 붙어있다. 화중和仲은 성간(成侃, 1427~1456)의 자字이다. 그의 호號는 진일재眞逸齋로 조선초 학자이자 문신이며 뛰어난 시인이다. 저서로 『진일재집眞逸齋集』을 남겼다.
- 암향소영暗香疎影 : 유명한 임포林逋의 「산원소매山園小梅」 시에 '성긴 그림자는 맑고 얕은 물 위에 비껴 있고, 은은한 향기는 황혼 달빛 아래 떠다닌다네/疎影橫斜水淸淺 暗香浮動月黃昏"라고 한 데서 온 말이다.
- 육안肉眼 : 맨눈. 육안이 아니라 마음의 눈[心眼]으로 보아야 진면목이 보인다는 말이다.
- 시옹詩翁 : 시인의 높임말이다. 여기서는 성간을 가리킨다.
- 색소索笑 : 웃음을 찾는다. 두보杜甫의 '처마 밑을 배회하며 매화를 찾아 함께 웃으니/巡簷索共梅花笑'라는 시구를 원용한 표현이다. 처마 밑을 오가며 매화나무 가지에 꽃이 피었나 살펴본다는 말이다

작자

서거정은 15세기 문인으로 호는 사가정四佳亭이다. 6세에 능히 시를 지을 만큼 일찍부터 시에 뛰어 났고, 청요직의 최고 명예라 할 수 있는 문형文衡을 20년이나 역임하였다. 세조의 총애를 받아 성종 대까지 국가의 편찬 사업에 주도적으로 참여하였다. 『경국대전』, 『삼국사절요』, 『동문선』 등 주요 저술의 편찬에 깊이 관여하였다. 그의 명문들은 『사가집四佳集』을 통해 전해지고 있다. 위의 시 외에도 「열흘 국화/十日菊」, 「화죽/畫竹」, 「연죽탄/蓮竹歎」, 「난죽도/蘭竹圖」 등 많은 사군자 시가 있다.

* 서거정(徐居正, 1420~1488)

난죽 그림

아름다운 건 돌 위의 대나무요
향기로운 건 들판의 난이라네
어쩌다가 한 그림에 짝을 했지만
덕으로 맺었기에 형세와는 무관하지

蘭竹圖	난죽도
檀欒石上竹	단란석상죽
馥郁畹中蘭	복욱원중란
胡爲伴一圖	호위반일도
以德非勢干	이덕비세간

주석

- 난죽도蘭竹圖 : 바위와 함께 난과 대나무를 그린 그림이다.
- 단란檀欒 : 아름답게 빼어난 대나무를 형용한 말이다.
- 복욱馥郁 : 향기가 짙다.
- 세간勢干 : 세력, 형세와 관계됨을 말한다.

* 서거정(徐居正, 1420~1488)

대나무

집안 가득 푸른 옥 만 그루 대나무
창칼 뒤얽히는 소리 형세 절로 빽빽해라
여기저기 붉은 죽순 엷은 안개 피어오르고
흰 마들가리 높이 스쳐 가을하늘에 흔들흔들
봉 울음 한가로이 들어보니 궁성에다 상성
용 울음 어떠한가 깊은 골 동굴 속이네
굳센 절개 곧은 마음 마땅히 덕의 짝인데
하물며 또 함께 노는 은자의 삶이 있었구나

竹	죽
一軒蒼玉萬竿脩	일헌창옥만간수
甲刃摐摐勢自稠	갑인창창세자조
紫籜半均霏細霧	자탁반균비세무
粉梢危拂動高秋	분소위불동고추
閑聞鳳律宮商合	한문봉률궁상합
試聽龍吟洞壑幽	시청룡음동학유
勁節貞心宜配德	경절정심의배덕
同遊況復有羊裘	동유황부유양구

주석

- 갑인甲刃 : 갑옷과 칼. 병기.
- 창창摐摐 : 뒤얽혀 어지러운 모양.
- 자탁紫籜 : 붉은 죽순. 탁籜은 원래 대 꺼풀을 뜻한다.
- 분소粉梢 : 가루 분粉, 마들가리 소梢이다. 새로 난 마들가리에 흰 가루가 붙은 것처럼 보이는 것을 형용한 것이다. 시에서는 봄과 가을의 모습을 함께 읊고 있다.
- 봉률鳳律 : 12율. 봉황의 울음소리란 퉁소, 젓대 등 여러 가지 관악기의 청량한 소리를 형용한 말이다. 봉률은 '황제黃帝의 신하 영륜伶倫이 일찍이 12개의 죽통竹筒을 만든 다음, 봉황鳳凰의 울음소리를 듣고 이것을 12율律로 구별하였다'는 고사에서 온 말로, 전하여 대竹로 만든 관악기管樂器를 가리키고, 궁상宮商은 5음 가운데 두 가지 음이다.
- 양구羊裘 : 양가죽으로 만든 옷이다. 은자의 삶을 가리킨다.

* 김종직(金宗直, 1431~1492)

피지 않은 매화 송이를 꺾어서

푸른 등잔 소박한 안석에 흥이 나기 어려워
문득 가지 끝에서 오출빙을 불러냈는가
알아야 할 건 이 꽃이 천진스러워
조그마한 천기라도 서로 의탁한다네

서호처사 읊은 매화 끌어들이어
찬바람에 한 잔 물로 꽃 마음 도왔다네
놀라운 건 절후가 겨우 경칩이지만
추운데도 벌이 알고 찾아오는 거라네

折梅之未綻者　　절매지미탄자

青燈素几興難乘　　청등소궤흥난승
却喚枝頭五出氷　　각환지두오출빙
要識此花癡絶處　　요식차화치절처
天機些子且相憑　　천기사자차상빙

勾引西湖處士吟　　구인서호처사음
尖風勺水助芳心　　첨풍작수조방심
忽驚節候纔驚蟄　　홀경절후재경칩
爲有寒蜂聖得尋　　위유한봉성득심

주석

- 원제는 '나주의 서관에서 아직 피지 않은 매화 송이를 꺾어서 깨끗한 병에 꽂아 놓고 물을 부어 놓았더니 밤새 다 피었다/在羅州西館 折梅之未綻者 揷于膽甁 注以水 連夜盡開'로 두 수이다.
- 오출빙 : 매화꽃을 말한다. 오출은 꽃잎이 다섯으로 이루어진 매화를 뜻하며 빙은 매화가 추운 때에 핀다 하여 빙기氷肌·빙혼氷魂 등으로 부르는 데서 온 말이다.
- 서호처사 : 서호에 살았던 임포林逋이다. 그의 「산원소매山園小梅」는 유명한 매화 시이다.
- 성聖 : 총명하다, 지혜롭다는 뜻이다.

작자

김종직은 15세기 문신으로 호는 점필재佔畢齋이다. 부친에게 학문을 배워서 성리학의 정통을 이어나갔다. 저서로 『점필재집佔畢齋集』 등이 있다. 위의 시 외에도 「중양절에 국화가 없다/重陽無菊」, 「동지일에 매화를 읊다/至日詠梅」, 「학사루 아래 매화가 처음 피었으므로 병중에 두 수를 읊다/學士樓下梅花始開花病中吟得二首」 등 많은 사군자 시가 있다.

* 김종직(金宗直, 1431~1492)

난과 죽의 두 화축

맑은 바람 바위 아래 국향이 돌아왔네
그 누가 사신을 위해 둘을 함께 심었나
아름다운 정취 예부터 군자의 반열이라
세간의 다른 화초들은 모두 하천배이지
제비 꼬리 새끼 용 짝하여 단장했으니
굳은 절개와 그윽한 향기 그 누가 알리오
자세히 보면 기화의 동산에서 왔으니
맑은 완상물 참으로 묘당에 둘 만하구나

蘭竹二軸	난죽이축
清風巖下國香回	청풍암하국향회
誰爲皇華一倂栽	수위황화일병재
標致從來君子行	표치종래군자행
世間花卉摠輿臺	세간화훼총여대
燕尾龍雛伴靚妝	연미룡추반정장
誰知苦節與幽芳	수지고절여유방
細看來自琪花苑	세간래자기화원
清玩眞堪著廟堂	청완진감착묘당

주석

- 원제는 '난과 죽의 두 화축을 진주 향교의 교방에서 진휼사인 우찬성 윤필상에게 드리다/蘭竹二軸晉州鄕校敎坊獻賑恤使右贊成尹弼商'이다.
- 국향國香 : 뛰어난 향기란 뜻으로 특히 난蘭의 별칭으로 쓰인다.
- 위황화爲皇華 : 사신을 위해, 황화는 중국사신이라는 말이지만, 여기서는 진휼사 우찬성 윤필상을 가리킨다.
- 여대輿臺 : 신분이 미천한 계급, 노복奴僕을 두루 일컫는 말이다.
- 정장靚妝 : 단장하다는 말이다. 단장할 정靚, 꾸밀 장妝이다.
- 제비 꼬리燕尾 용 새끼龍雛 : 제비 꼬리란 난을 가리킨 말이고, 용의 새끼란 대나무를 가리킨다. 난죽그림이기에 함께 사용하였다.

* 김시습(金時習, 1435~1493)

길가의 난을 보고

가을바람 어찌하여 우수수 부는가
흰 이슬 엉키어 서리가 되었네
저 아름다운 난초를 보니
가시덤불 곁에 몸을 던졌구나
그윽한 꽃은 맑고 향기로우며
푸른 잎은 빼어나고 기다랗구나
저녁 내내 홀로 서성이면서
바람 맞으니 긴 슬픔이 더하네
(절선)

途中見蘭	도중견란
秋風何摵摵	추풍하색색
白露凝爲霜	백로응위상
眄彼猗猗蘭	면피의의란
委身荊棘傍	위신형극방
幽香淸且芬	유향청차분
綠葉秀而長	녹엽수이장
竟夕獨徘徊	경석독배회
臨風增永傷	임풍증영상

(節選)

주석

- 색색摵摵 : 나뭇잎이 떨어지는 소리. 쓸쓸한 소리를 말한다.
- 면眄 : 애꾸눈 면으로, 바라보다는 뜻으로 쓰였다.
- 의의猗猗 : 아름다울 의猗이다.
- 영상永傷 : 오래도록 슬퍼하다.

작자

김시습은 조선 초기 유명한 문인으로 호는 매월당梅月堂·청한자淸寒子 등이다. 세조에게 밀려난 단종에 대한 신의를 끝까지 지키며 벼슬길에 나가지 않고 자연에 은거한 생육신의 한 사람으로 유명하다. 그의 일생은 동가숙서가식하는 떠돌이의 삶이었지만, 율곡 이이로부터 백세의 스승이라는 칭송을 듣기도 하였다. 저서로는 한국 최초의 한문소설 『금오신화金鰲新話』가 있고, 시문집인 『매월당집梅月堂集』이 있다. 위의 시 외에도 「분죽/盆竹」, 「죽순/竹筍」, 「국화를 비웃으며/嘲菊」, 「아름다운 국화/美菊」 등 많은 사군자 시가 있다.

* 김시습(金時習, 1435~1493)

분에 심은 대나무

정절의 품행이 어여뻐
작은 흙 화분에 심었다네
영롱하여 자태가 있으면서
산뜻하여 번거로움 없어라
산들산들 바람에 흔들리고
방울방울 이슬에 뒤치는구나
누가 알랴 한 줌 흙 속에서
불쑥 솟아 나와 대 뿌리 뻗을 줄

盆竹	분죽
爲憐貞節操	위련정절조
種得小瓦盆	종득소와분
玲瓏如有態	영롱여유태
瀟洒又無煩	소쇄우무번
嫋嫋風吹動	요요풍취동
漙漙露滴飜	단단노적번
誰知一撮土	수지일촬토
迸却化龍根	병각화용근

주석

- 요요嫋嫋 : 간들간들 가냘픈 모양. 소리가 가늘게 울리는 모양.
- 단단漙漙 : 이슬이 방울방울 맺히는 모양.
- 병각迸却 : 솟아오르다, 튀어 나오다는 뜻이다.
- 용근龍根 : 대나무의 별칭이 용손龍孫으로, 곧 대의 뿌리를 말한다.

* 성종대왕(成宗大王, 1457~1494)

대나무를 그리고 아울러 시를 짓다

추워진 뒤에 서리 무릅쓴 가지 더욱 아름다운데
사람처럼 야위어도 맑은 풍모를 스스로 모르네
달이 뜨면 봉황이 깃들 곳을 찾는 것 같고
봄이 되면 푸른 용의 모습으로 변하여가네
눈 내릴 때 절개 품어 사람들은 부끄러워하고
원림에서 향기 띠어 그 모습 더욱 기이해라
내년에는 땅을 골라 대나무를 옮겨 심어
푸른 줄기 구름까지 닿도록 해야겠네

寫竹倂題　　사죽병제

歲寒尤秀傲霜枝　　세한우수오상지
人瘦清風自不知　　인수청풍자부지
隨月似尋棲鳳影　　수월사심서봉영
處春聊得化龍姿　　처춘료득화룡자
雪天抱節人多愧　　설천포절인다괴
粉苑含香態更奇　　분원함향태경기
移籜他年要選地　　이탁타년요선지
須教翠幹拂雲猗　　수교취간불운의

주석

- 이 시의 원제는 '난초와 대나무를 그리고 아울러 시를 짓다/寫蘭竹併題'로 『열성어제』 제5권 성종대왕 편에 실려 있다. 시의 내용으로 보아서 대나무 그림 위주로 되어 있다.
- 인수人瘦 : 수瘦는 마르다, 야위다는 말이다. 소동파의 시에 '몸이 마르면 살찌게 할 수 있지만, 선비가 속되면 고칠 수 없네/人瘦尙可肥 士俗不可醫'라고 한데서 대나무 시에 자주 쓰이는 시어이다.
- 서봉영棲鳳影 : 봉황의 그림자가 깃든다. 흔히 봉황은 대나무에 깃들어 살면서 죽실竹實을 먹는다고 한다.
- 화룡자化龍姿 : 용의 모습으로 변하다. 봄이 되면 대나무가 자라나는 게 마치 푸른 용으로 변해 가는 것 같음을 말한 것이다.

작자

성종대왕은 조선의 9대 왕이다. 이름은 이혈李娎, 세조의 손자이고 덕종의 둘째아들이다. 1469년에 예종이 죽고 그 뒤를 이어 왕위에 올랐다. 태조 이후 닦아온 조선왕조의 정치·경제·사회·문화적 기반과 체제를 완성시켜 이루었으니 후일 묘호廟號를 성종으로 정하였다. 서화를 비롯한 문예文藝를 특히 애호하였으며, 편찬 사업에도 관심을 가져 『동국여지승람東國輿地勝覽』·『동문선東文選』·『오례의五禮儀』·『악학궤범樂學軌範』 등 각종 서적을 간행하게 하여 나라의 문운을 진작시켰다. 능호는 선릉宣陵으로 현재 서울 강남구 삼성동에 있다. 성종의 작품에는 「꽃을 파는 소리가 들리다/聞賣花聲」라는 시도 있어서, 성종의 화훼 애호와 당시에도 꽃 시장이 만들어져 있음을 알려주고 있다.

* 박상(朴祥, 1474~1530)

신잠의 묵죽

하느님 눈도 늙으셨나 보다
이 대를 바다 티끌에 묻어두시다니
어찌 한 번쯤 돌보고 가엾이 여기지 않으셨나
그래서 이 높은 사람을 보내신 모양이다
(중략)
울타리 허리엔 곧은 대 꽁꽁 묶어놓고
끓는 솥 밑에서 굳센 정신까지 불태우는구나
영천은 이것이 분하고 원통하여
종이 펼치고 천진을 그대로 옮겨 놓았다네

申元亮墨竹 신원량묵죽

皇天有老眼 황천유노안
此君霾海塵 차군매해진
豈不一眷閔 기불일권민
於焉遣高人 어언견고인
(中略)
籬腰束直節 이요속직절
爨下燒勁神 찬하소경신
靈川所憤痛 영천소분통
拂箋移天眞 불전이천진

주석

- 이 시는 원제가 「윤형중이 신원량묵죽시를 구하는데 화답하여/和尹亨中求題申元亮墨竹韻」이다. 윤형중은 굴정 윤구이다. 당시 서로 긴밀한 친교가 있었음을 알 수 있다. 이 시는 모두 12구인데, 남쪽 땅 사람들이 대나무를 우습게 안다는 내용도 있다. 시인은 이 시에서 먼 바닷가 장흥에 유배 온 신잠의 처지와 원통함을 이곳에서는 흔하여 하찮게 여김을 받는 대나무에 비유하여 읊고 있다.
- 신원량申元亮 : 원량은 신잠의 자字이다.
- 매해진霾海塵 : 흙비 올 매霾인데, 묻는다는 뜻이다. 해진은 바닷가의 티끌먼지 나는 곳, 유배지였던 장흥을 가리키는 말로 쓰였다.
- 이요籬腰 : 울타리 허리 춤. 남쪽 지방에서는 대나무로 울타리를 엮는 경우가 많았다. 대나무를 엮어 울타리를 한 모습을 허리춤을 꽁꽁 묶어 놓았다고 함으로써 묵죽도 잘 그리고 대나무와 같은 품격을 지닌 신잠이 유배를 와 있는 처지를 비유적으로 표현하였다.
- 찬하爨下 : 끓는 솥 아래. 아궁이를 말한다.
- 천진天眞 : 본디 그대로의 모습.

작자

박상은 문신이자 이름난 시인으로 호는 눌재訥齋이다. 1496년 진사가 되고, 1501년 식년 문과에 을과로 급제하여 관직에 나아갔다. 담양부사로 있으면서 1515년 순창군수 김정金淨과 함께 상소해 중종반정으로 폐위된 단경왕후 신씨端敬王后愼氏의 복위를 주장하였던 일이 유명하다. 청백리에 녹선錄選되었으며, 저서로 『눌재집訥齋集』이 있다. 그 안에는 꽃과 나무에 관련된 많은 한시를 남기고 있다.

* 이행(李荇, 1478~1534)

석란

난이 돌 위에서 자라는구나
단단한 돌은 부드러운 흙 아니니
이미 평범한 풀과 달라
이제 천하의 독보 되겠구나

石蘭	석란
蘭從石上生	난종석상생
石骨非土肉	석골비토육
旣與凡卉殊	기여범훼수
方爲天下獨	방위천하독

주석

- 석골石骨 : 바위.
- 토육土肉 : 기름진 흙.
- 독獨 : 홀로 독獨, 여기서는 독보적인 모습이라는 말이다.

작자

이행은 조선 시대 문신으로 호는 용재容齋이다. 그는 시문에 모두 재능이 있고 글씨와 그림에도 능하였다.『용재집容齋集』을 남겼다. 위의 시 외에도「국화/菊」,「작은 연못가에서 매화를 감상하다 취하여 붓을 들다/小池上賞梅 醉後縱筆」,「국화를 옮겨 낙서헌에 부치다/移菊寄洛西軒」,「시든 국화/殘菊」등 많은 사군자 시들이 있다.

* 조광조(趙光祖, 1482~1519)

난죽 병풍

남으로 순행하다 표연히 돌아오지 못하니
순제의 죽음에 아황과 여영이 슬피 울었다네
피는 물들어 소상의 얼룩진 대나무 되었고
눈물은 떨어져 푸른 상수의 물결 불어났네

蘭竹屛	난죽병
南巡飄不返	남순표불반
哭帝喪英皇	곡제상영황
血染成斑竹	혈염성반죽
淚沾漾碧湘	누첨양벽상

주석

- 원제목은 '청로 강은의 난죽 병풍에 제하다/題姜淸老隱蘭竹屛'로 8수 연작인데 그 중의 한 수이다. 강은(姜隱, 1492~1552)은 조선 중기 문신이자 화가이다. 이 강은이 그린 난죽병풍은 당시 매우 유명하였는데, 임진왜란 때 불이 타고 말았다. 그래서 임란 후 후손들이 당시 화원화가로 매우 유명하였던 이징에게 부탁하여 다시 그렸다. 그리고 당시 조광조의 시를 외우고 있던 문인들이 다시 시도 복원하였다고 한다.
- 첨沾 : 더하다, 첨가하다. 젖다, 적시다로 읽을 때는 점이라고 한다.

작자

조광조는 16세기 초 개혁적인 성리학자로 호는 정암靜庵이다. 1517년 향촌의 성리학적 교화를 위해 '여씨향약呂氏鄕約'을 실시하도록 하였다. 덕행이 높은 자를 천거하여 뽑는 현량과賢良科를 설치하고, 하늘과 별에 제사지내던 소격서昭格署를 폐지하는 등 많은 개혁정책을 이루었다. 1519년 정국공신靖國功臣의 위훈僞勳을 삭제할 것을 요청하는 급진 개혁을 시도한 그는 결국 모함과 무고誣告를 받게 되었으며, 전라도 능주로 귀양을 와서 사사賜死되었다. 문집으로 『정암집靜庵集』이 있다.

* 양팽손(梁彭孫, 1488~1545)

영천 신잠에게 주다

장기 낀 고을에서 쓸쓸하게 여생을 보내며
고향 집 바라보니 얼마나 먼 길인가
다행히 강남에는 강가에 대나무가 있으니
말년에 쓸쓸하지만 지난 일들을 잘 견디기

贈申靈川潛　　증신영천잠

瘴鄉寥落寄餘生　　장향요락기여생
悵望家園路幾程　　창망가원로기정
賴有江南江上竹　　뇌유강남강상죽
暮年蕭瑟昨寒盟　　모년소슬작한맹

주석

- 이 시는 「증신영천잠贈申靈川潛」이라는 두 수 가운데 한 수이다. 『학포집學圃集』에 실려 있다. 장흥에 유배와 있는 신잠의 처지를 안타까워하는 시이다. 신잠은 신숙주의 증손으로, 호는 영천자靈川子이며 본관은 고령이다. 1519년 급제하여 벼슬은 목사를 지냈으나 기묘사화로 인해 파직 당하였다. 1521년 신사무옥으로 인해 전라남도 장흥에서 17년간 유배생활을 하였다. 그는 적소에서 묵죽을 많이 그려 묵죽으로 이름났다.
- 장향瘴鄉 : 장기 장瘴은 습하고 더운 곳에서 생기는 풍토병을 일컫는 말이다. 그런 남쪽 고을이라는 말이다.
- 뇌賴 : 힘입는다, 의지하다는 말이다.
- 강남江南 : 순천지역을 부르는 말이지만, 전라남도 더 나아가 우리나라 남쪽 지방을 흔히 강남이라고 하였다.
- 작한맹昨寒盟 : 작한昨寒은 지나간 추위, 여기서는 유배를 당하였던 상황을 가리킨다. 맹盟은 마음으로 잘 지킨다는 말이다. 그러한 일을 잊고 잘 견디기 바란다는 말이다.

작자

양팽손은 전남 화순 출생으로 호는 학포學圃이다. 1510년 조광조와 함께 생원시에 합격하고, 1516년 식년 문과에 급제하여 관직에 나아갔다. 1519년 10월 기묘사화가 일어나자, 조광조·김정 등을 위해 소두疏頭로서 항소하였으며 당시 신진 사류의 한 사람으로 활약하였다. 이 일로 인해 삭직되어 고향인 화순 능주로 돌아와, 학포당學圃堂을 짓고 독서로 소일하였다. 저서로는 『학포집學圃集』이 전한다.

* 서경덕(徐敬德, 1489~1546)

국화를 읊다

정원의 모든 꽃 이미 시들었는데
노란 국화 혼자만이 그 기운 온전하네
유독 남다른 향기 품고 뒤로 물러선 것은
봄꽃들과 영광을 다투지 않으려 한 것이지
서리 내릴 즈음에야 비로소 향기 뿜고
이슬에 젖어 있으면 빛깔 더욱 곱다네
꽃잎 따 씹으면 온 뱃속 맑아지기에
지팡이 짚고 때때로 울타리 가를 맴도네

詠菊	영국
園中百卉已肅然	원중백훼이숙연
祗有黃花氣自全	지유황화기자전
獨抱異芳能殿後	독포이방능전후
不隨春艶竝爭光	불수춘염병쟁광
到霜甘處香初動	도상감처향초동
承露溥時色更鮮	승로부시색경선
飡得落英淸五內	손득낙영청오내
杖藜時復繞籬邊	장려시부요리변

주석

- 훼卉 : 풀 훼, 백훼는 온갖 풀을 가리킨다.
- 숙연肅然 : 쓸쓸한 모양. 시들은 모양.
- 전후殿後 : 뒤떨어진 맨 뒤, 순서나 등수에서의 맨 끝.
- 부溥 : 펴다, 바르다. 이슬이 덮이는 모습을 말한다.
- 오내五內 : 다섯 가지 내장. 간장, 염통, 지라, 허파, 콩팥.

작자

서경덕은 조선 중기의 학자로 호는 화담花潭이다. 1519년 현량과賢良科에 수석으로 추천을 받았으나 사양하고, 개성 화담花潭에 서재를 세우고 연구와 교육에 힘썼다. 서경덕의 학문과 사상은 이황과 이이 같은 학자들에 의해서 그 독창성이 높이 평가되었으며, 한국 기 철학의 학맥을 형성하게 되었다. 황진이黃眞伊의 유혹을 물리친 일화가 전해지며, 박연폭포朴淵瀑布·황진이와 함께 송도삼절松都三絶로 불린다. 저서로는 『화담집花潭集』이 있다. 위의 시 외에도 「국화를 읊다/詠菊」 등의 사군자 시가 있다.

* 이언적(李彦迪, 1491~1553)

구월 구일인데 국화꽃도 없이

노란 동전 같은 국화 따서 술잔에 띄우려고
산에 올라 공연히 피지 않은 가지 꺾어본다
술병 기울이니 근심 속에서도 웃음 차츰 피어나고
모자 가득 끼워보지만 취한 뒤 멋진 모습 이루지 못하네
차가운 꽃술 늦은 계절에 어울린다 하여도
맑은 향기 좋은 계절 저버림을 탄식하지 않을 수 없네
놀랍구나 사물의 이치가 모두 이와 같으니
향기 토하며 꽃을 피우는 것도 때에 맞아야 귀하지

九日無菊	구일무국
欲撤金錢泛酒巵	욕철금전범주치
登高空折未開枝	등고공절미개지
傾壺漸發愁中笑	경호점발수중소
滿帽難成醉後奇	만모난성취후기
冷蘂縱能酬晩節	냉예종능수만절
清芬堪歎負佳節	청분감탄부가절
仍驚物理渾如許	잉경물리혼여허
吐馥流芳貴及時	토복류방귀급시

주석

- 이 시는 한양에 올라와서 홍문관 박사로 재직할 당시 월과月課로 지은 시이다. 월과는 문신들이 매달 과제로 지어 올렸던 글이다.
- 금전金錢 : 쇠로 만든 동전. 국화의 별칭이다.
- 주치酒巵 : 술잔. 술잔 치巵이다.
- 수酬 : 갚는다, 보답하다, 응대하다는 말. 여기서는 어울린다는 뜻이다.
- 혼여허渾如許 : 모두 혼渾, 모두 이와 같다는 말이다.

작자

이언적은 조선의 성리학자로 호는 회재晦齋, 시호는 문원공文元公이다. 서경덕이 기호학파畿湖學派의 조종인 율곡 이이의 사상에 많은 영향을 끼친데 반하여, 이언적은 영남학파嶺南學派의 조종인 퇴계 이황에게 큰 영향을 주었다. 그래서 이황은 이언적이 저술을 통하여 훌륭한 식견으로 후세의 성리학자에게 큰 교훈을 남긴 공로가 크다고 하여 정여창鄭汝昌, 김굉필金宏弼, 조광조趙光祖 등과 아울러 '동방의 사현'이라고 칭송하였다. 많은 저서와 함께 문집으로 『회재집晦齋集』이 있다.

* 주세붕(周世鵬, 1495~1554)

승정원의 난과 대나무 그림 병풍에 쓰다

깊은 계곡 부드러운 난은 공자의 덕이고
맑은 바람 외로운 대나무는 백이의 마음이네
형상을 잊고 서로 대하니 소리도 향기도 없지만
두 친구 나에게 공경하도록 만드는구나

題銀臺蘭竹畫屛　제은대난죽화병

幽谷猗蘭宣父德　　유곡의란선부덕
清風孤竹伯夷心　　청풍고죽백이심
忘形相對無聲臭　　망형상대무성취
二益令人每起欽　　이익령인매기흠

주석

- 은대銀臺 : 승정원承政院의 별칭.
- 선부宣父 : 공자를 높여 이르는 말이다. 문선왕文宣王이라고 추시追諡하면서 이르는 말이다.
- 고죽孤竹 : 외로운 대나무. 여기서는 고죽국으로 갔던 백이의 고사와 연결된다.
- 이익二益 : 『논어』에 나오는 삼익우三益友에서 유래하여 익益은 유익한 친구이다. 두 친구는 여기서는 난과 대나무를 가리킨다.

작자

주세붕은 조선 중기의 문신으로 그의 호는 신재愼齋이다. 1522년 28세에 문과에 급제하여 여러 관직에 나아갔다. 저서로 『무릉잡고武陵雜稿』가 남아 있는데, 위의 시 외에도 「죽죽/竹竹」 등의 사군자 시가 있다.

* 이황(李滉, 1501~1570)

옥당에서 두고 온 매화를 생각하며

뜰 앞 매화가지 가득히 눈꽃 피니
풍진의 세상살이 꿈마저 어지럽네
봄밤 옥당에 홀로 앉아 달을 대하니
기러기 슬피 울 때 그리움이 간절하네

玉堂憶梅	옥당억매
一樹庭梅雪滿枝	일수정매설만지
風塵湖海夢差池	풍진호해몽차지
玉堂坐對春宵月	옥당좌대춘소월
鴻雁聲中有所思	홍안성중유소사

주석

- 호해湖海 : 호수와 바다. 은자나 시인들이 세상을 피하여 은거하는 곳을 가리킨다.
- 차지差池 : 『시경』에 나오는 말로, 모양이나 시세 따위가 들쭉날쭉하여 일정하지 아니하거나, 어지러운 마음 등을 가리킨다.
- 유소사有所思 : '그리움'이 있다는 말이다. 이를 주제로 한 많은 작품이 남아 있다. 여기서는 고향에 있는 매화에 대한 그리움을 나타낸 것이다.

작자

이황은 조선 중기 대표적인 성리학자이다. 43살이 되어서 주자학의 정수인 『주자대전』을 입수하여, 이 책을 통해 주자의 저술에 대한 높은 이해에 도달하였다. 그는 주자처럼 매화를 무척 사랑하여, 매화 관련 시를 백여 수 훨씬 넘게 남겨놓고 있다. 운명하는 날 아침에 제자들에게 마지막 남긴 말도 '저 매화나무에 물을 주거라'라고 하였다는 일화도 유명하다. 문집으로 『퇴계전서退溪全書』가 남아 있으며, 위의 시 외에도 「도산의 매화를 그리며/憶陶山梅」, 「달밤에 매화를 읊다/月夜詠梅」 등과 같은 많은 매화 시가 있다. 『매화시첩』을 만들어서, 목판으로 인쇄한 작품집도 널리 알려져 있다.

* 이황(李滉, 1501~1570)

바람에 흔들리는 대

바람 살랑 불면 조용히 웃는 듯하다가
바람 급해지면 불평스레 우는구나
영륜이 찾을 때 만나지 못하고
괜스레 큰 풍류 소리 머금고만 있구나

風竹	풍죽
風微成莞笑	풍미성완소
風緊不平鳴	풍긴불평오
未遇伶倫采	미우령륜채
空含大樂聲	공함대락성

주석

- 위 시는 「성산 이자발의 호는 휴수인데 신원량의 열그루 대 그림에 화제를 청하다/星山李子發 號休叟 索題申元亮畫十竹」 라는 모두 열 수의 시 가운데 한 수이다. 이자발이 신잠의 묵죽도를 지니고 있었고, 이에 퇴계가 화제시를 쓴 것이다.
- 완소莞笑 : 완이이소莞爾而笑, 빙그레 웃는 것을 말한다.
- 평오平嗚 : 오嗚는 탄식소리, '흐느껴 울다'는 말이다.
- 영륜伶倫 : 황제黃帝의 신하, 해곡嶰谷의 대나무로 악률樂律을 만들었다.

* 조식(曺植, 1501~1572)

산해정에 대나무를 심으며

대나무는 외로워도 외롭지 않아
소나무가 그의 이웃이 되었으니
바람과 서리 칠 때 기다리지 않고도
아름다워라 여기에서 참 모습 보리니

種竹山海亭　　종죽산해정

此君孤不孤　　차군고불고
髯叟則爲隣　　염수즉위린
莫待風霜看　　막대풍상간
猗猗這見眞　　의의저견진

주석

• 염수髥叟 : 소나무의 별칭. 진晉나라 승려 법잠法潛이 섬산剡山에 은거할 때 어떤 이가 좋은 벗이 누구냐고 물으니, 소나무를 가리키며 '이 푸른 수염의 늙은이다/此蒼髥叟也'라고 한데서 온 말로 『산당사고山堂肆考』에 실려 있다.

작자

조식은 조선 중기의 학자이다. 호는 남명南冥·방장산인方丈山人이다. 당시 학문이 성리학의 형이상학적 명제를 탐구하는 쪽으로 경도된 것을 개탄하며, 실천적 수양을 강조하였다. 그가 심은 매화로 경남 산청의 산천재 앞에 있는 남명매南冥梅가 유명하다. 저서로 『남명집南冥集』과 『학기유편學記類編』 등이 있다. 위의 시 외에도 「국화/菊花」, 「화죽/畫竹」 등과 같은 사군자 시가 있다.

* 엄흔(嚴昕, 1508~1543)

춘란

적막한 산 속 처사의 집
그 마음 아는 이는 오직 자란화 뿐
예부터 빈 골짜기에 아름다운 이 있으니
『이소』를 읽으며 봄날을 아쉬워 말게

春蘭	춘란
寂寞山林處士家	적막산림처사가
知心惟有紫蘭花	지심유유자란화
從來空谷佳人在	종래공곡가인재
莫把離騷惜歲華	막파리소석세화

주석

- 자란紫蘭 : 색화色花의 일종으로 붉은 꽃이 피는 난.
- 이소離騷 : 초楚 나라 굴원屈原이 지은 장편 서정시. 이離는 만남[遭], 소騷는 근심[憂]으로 '근심을 만남'의 뜻임. 궁에서 쫓겨난 굴원이 간신의 참언으로 왕의 신임을 받지 못함을 실망하여 이 시를 짓고, 멱라수에 투신하여 죽었다.
- 세화歲華 : 세월, 여기서는 봄날의 경치를 말한다.

작자

엄흔은 조선 중기의 문신으로 호는 십성당十省堂이다. 1525년에 생원이 되고, 1528년 급제하여 정자正字에 임명된 뒤 여러 벼슬을 거쳤다. 그의 저서로는 『십성당집十省堂集』이 있으며, 위의 시 외에도 「여름 대나무/夏竹」, 「가을 국화/秋菊」, 「겨울매화/冬梅」 등 사계절 사군자 시를 비롯한 여러 시가 있다. 현재 남아 있는 우리나라에서 처음으로 사군자 시를 계절별로 모아 지은 작품이다.

* 김인후(金麟厚, 1510~1560)

매화와 대를 읊다

서리 내린 꽃봉오리, 눈 덮인 가지 서로 맑다하니
풍류는 곧 난형형제라고 사람들은 말을 하네
매화는 옥의 색깔 시들 적도 있지마는
대나무야 어디선들 쇳소리 줄어지리

梅竹吟	매죽음
霜葩雪幹兩爭清	상파설간양쟁청
人道風流是弟兄	인도풍류시제형
梅尚有時凋玉色	매상유시조옥색
竹曾何處減金聲	죽증하처감금성

주석

- 상파霜葩 : 서리 맞은 매화 꽃.
- 설간雪幹 : 눈이 덮인 대나무.
- 금성金聲 : 쇳소리, 여기서는 대나무가 부딪쳐나는 소리를 말한다.

작자

김인후는 조선중기 문인으로 호가 하서河西이다. 1531년 사마시에 합격하여 성균관에 입학하였고 벼슬에 나아갔다. 시문에 뛰어나 많은 시를 남겼으며 스스로 백화당百花堂을 짓고 원림 경영에도 관심을 보였다. 한시 교육서로 『백련초해百聯抄解』와 같은 시선집이 있으며, 문집으로 『하서전집河西全集』이 있다. 영물시 또한 많은데 위의 시 외에도 「호매/護梅」, 「희매/戲梅」, 「영천묵죽/靈川墨竹」, 「고죽/古竹」 등과 같은 사군자 시가 있다.

* 양응정(梁應鼎, 1519~1581)

종이로 만든 매화를 읊다

운명을 받아서 화분으로 집을 삼아
활짝 웃는 네 얼굴 눈송이가 무리 지은 듯
고요한 그 향기 지극함을 알겠으니
떠있는 저 달빛은 서호에 가득하겠지

詠紙梅	영지매
受命盆爲宅	수명분위댁
開顔雪作徒	개안설작도
寂香知至矣	적향지지의
浮月滿西湖	부월만서호

주석

- 지매紙梅 : 종이 공예로 만든 매화꽃.
- 수명受命 : 운명을 받는다는 말이다. 하늘에서 타고난 명을 받는 일.
- 서호西湖 : 중국 항주에 있는 호수. 송나라 임포가 살았던 고산孤山이 있다. 현재 매화나무가 많이 심어져 있다.

작자

양응정은 조선 중기의 문신이자 학자로 호는 송천松川이다. 1552년 식년문과에 급제하여 관직에 나아갔다. 진주목사, 경주부윤, 대사성 등을 하였다. 시문에 능하여 선조 때 8문장의 한 사람으로 뽑혔다. 문집으로 『송천집松川集』·『용성창수록龍城唱酬錄』 등이 있다.

* 기대승(奇大升, 1527~1572)

매화 몇 가지

처마 밑 찬 매화 스스로 향기 뿜어
깊은 밤 찾아와 나를 감싸니 그 뜻 아름다워라
달 밝아 술잔 위에 성긴 그림자 비치고
바람 불면 대밭으로 은은히 향기 번진다
섣달에 피어난 한 가지 어떻게 얻어볼까
봄이 지난 후 외로운 나무 가장 애달퍼라
서호의 병골이라 시도 짓기 어렵지만
내일 아침엔 꼭 술에 취해 억지로라도 지어볼까

梅花數枝　　매화수지

簷角寒梅亦自芳　　첨각한매역자방
夜深來繞意偏長　　야심래요의편장
疎疎月照尊中影　　소소월조존중영
細細風吹竹外香　　세세풍취죽외향
破臘一枝那得見　　파랍일지나득견
殿春孤樹最堪傷　　전춘고수최감상
西湖病骨詩難到　　서호병골시난도
準擬明朝醉發狂　　준의명조취발광

주석

- 원제는 '매화 몇 가지가 늦게 피었기에 장구를 지어 한가로운 시간을 보내다/梅花數枝 開亦最晩 吟成長句 用破幽寂'이다.
- 파랍破臘 : 파破는 꽃이 피어나는 것을 말한다. 랍臘은 섣달이다.
- 전춘殿春 : 전殿은 뒤라는 말이다. 전춘은 봄의 끝자락이다.
- 서호의 병골 : 송나라 시인 임포林逋가 서호에 살았으므로 서호처사西湖處士라 했는데, 서화書畫와 시를 잘하여 그의 매화시가 세상에 널리 알려졌다. 여기서는 시인 자신을 가리키는 말이다.
- 준의準擬 : 틀림없이, 꼭이라는 말이다.

작자

기대승은 조선 중기의 성리학자로 호는 고봉高峰이다. 『주자대전朱子大全』을 발췌하여 『주자문록朱子文錄』을 편찬하는 등 주자학에 정진하였다. 이황과 12년 동안 서한을 주고받으면서 8년 동안 사단칠정四端七情을 주제로 논의를 한 편지로 유명하다. 문집으로 『고봉집高峰集』이 있다. 위의 시 외에도 「황매에 비가 내리는 것을 즐겁게 보다/喜見黃梅雨」, 「매화/梅花」, 「잔국탄/殘菊歎」 등 사군자 시가 있다.

* 기대승(奇大升, 1527~1572)

병에 물을 담고 매화 가지를 꽂으니

병에 물을 가득히 담았으니
성긴 매화 그림자 맑기도 하여라
누가 붉은 동백도 꽂았는가
취한 눈이 별안간 밝아지네

汲水貯甁揷梅枝 급수저병삽매지

汲水滿幽甁　　급수만유병
寒梅疎影淸　　한매소영청
阿誰着紅栢　　아수착홍백
醉眼頓能明　　취안돈능명

주석

- 이 시의 원제는 '병에 물을 담고 매화 가지를 그 속에 꽂으니 꽃 수술이 모두 벌어지고, 동백꽃을 같이 꽂으니 청아하고 기절해서 사랑스러웠다. 용문이 오언시로 기록했기에 화답하여 원기에게 보냈다/汲水貯甁揷梅枝其中 疎蕊皆拆 取春栢英同揷 淸絶可愛 龍門記以五字 聊奉和呈圓機'이다.
- 홍백紅栢 : 붉은 꽃이 핀 동백.
- 돈頓 : 갑자기, 별안간.

* 기대승(奇大升, 1527~1572)

매화 두 수

서울의 풍진 속에 너와의 기약 어기고
이제야 돌아와 청아한 자태 대한다
맑은 향기 나무에 가득하니 마음만 설레는데
어이하랴 병이 많아 시주詩酒를 폐하였으니

매화 아래 술자리 열어 평소의 기대 흐뭇한데
사랑스러워라 안개 너머 바람에 쓸린 그 자태
이슬에 옷 젖는 줄 모르고 배회하며
술 한 잔 기울여 시 한 수 짓노라

梅花	매화
京洛趨塵誤汝期	경락추진오여기
秖今歸對舊氷姿	지금귀대구빙자
清香滿樹空相惱	청향만수공상뇌
多病其如廢酒詩	다병기여폐주시
梅花開樽愜素期	매화개준협소기
最憐煙外偃風姿	최련연외언풍자
徘徊不覺衣沾露	배회불각의첨로
一盞傾來一首詩	일잔경래일수시

주석

- 빙자氷姿 : 얼음처럼 깨끗한 아름다움. 매화를 가리킨다.
- 협소기愜素期 : 협愜은 마음에 맞다, 쾌하다는 뜻이고, 소기素期는 평소의 기대, 소망을 말하므로 평소 자신의 뜻에 딱 맞는다는 말이다.
- 언풍자偃風姿 : 언偃은 나부끼다 쓰러지다는 뜻이므로, 매화 꽃잎이 바람에 나부끼는 자태를 뜻한다.

* 고경명(高敬命, 1533~1592)

황백 두 국화를 읊다

바른 빛깔이라 귀히 여기는 노랑
타고 난 모습은 흰색 또한 멋지지
세상 사람이야 구별하여 보겠지만
다 같이 서리를 업신여기는 꿋꿋한 가지

詠黃白二菊 영황백이국

正色黃爲貴 정색황위귀
天姿白亦奇 천자백역기
世人看自別 세인간자별
均是傲霜枝 균시오상지

주석

- 균均 : 모두, 전부라는 말이다.
- 오상지傲霜枝 : 서리를 업신여기는 가지, 국화의 별칭이다.

작자

고경명은 조선 중기의 이름 난 문신으로 호는 제봉霽峰이다. 관직에서 물러나 고향에 있던 중 임진왜란이 일어나 전라좌도 의병장으로 활약하다가 금산전투에서 순국하였다. 시·글씨·그림에 모두 능했으며, 저서로는 시문집인 『제봉집霽峰集』이 있고, 무등산 기행문 『유서석록遊瑞石錄』, 각처에 보낸 격문을 모은 『정기록正氣錄』 등이 있다. 위의 시 외에도 「새 대나무를 보고 감흥이 있어/見新竹有感」 등과 같은 사군자 시가 있다.

* 송익필(宋翼弼, 1534~1599)

꺾어진 대나무를 읊다

한밤중 광풍에 몇 그루 대나무 부러지기에
새벽에 일어나 대를 보고 나를 반성하였네
꺾일 수는 있어도 갯버들처럼 잎 지진 않으리니
돌아와 높이 누워 한편으론 위로하다 시를 짓네

折竹吟	절죽음
半夜狂風折竹數叢	반야광풍절죽수총
曉起對竹翻撫躬	효기대죽번무궁
雖然可折不可凋落同蒲柳	수연가절불가조락동포류
歸來高臥一慰一忡忡	귀래고와일위일충충

주석

- 포류蒲柳 : 창포와 갯버들의 병칭으로, 가을이 가까워지면 바로 시들기 때문에 일찍 노쇠함의 비유로 쓰인다.
- 번翻 : 도리어.
- 고와高臥 : 베개를 높이 베고 편히 눕는다는 뜻. 은거한다는 뜻도 있다.
- 충충忡忡 : 근심하는 모양. 『시경』「소남召南 초충草蟲」에 '근심하는 마음 아프네/憂心忡忡'이라는 구절이 있다. 보통 시를 짓는 것을 비유적으로 근심한다고 한다.

작자

송익필은 조선 중기의 학자이며, 호는 구봉龜峯이다. 그의 문하에서 김장생·김집·정홍명 등 많은 학자들이 배출되었고, 시와 문장에 모두 뛰어나 이산해·최경창·백광훈·최립 등과 함께 선조대의 8문장가로 불렸다. 문집 『구봉집龜峯集』이 전한다. 위의 시 외에도 「대나무竹」, 「매화를 대하며 임을 그리워하다/對梅懷人」 등의 사군자 시가 있다.

* 이이(李珥, 1536~1584)

국화를 심으며

향기 나는 뿌리 가랑비에 옮겨 심는데
스스로 하다 보니 지팡이 짚은 손이 더디네
어찌 고운 금빛이 아름다워서이랴
다만 은자의 자태를 보고자 함이지
이슬 받은 잎사귀 펴지기도 전에
서리이긴 새 가지 펼쳐 틔웠구나
모든 화초 시들어 떨어진 뒤
세모의 때가 되면 잘 어울리겠지

種菊	종국
香根移細雨	향근이세우
課僕倚筇遲	과복의공지
豈爲金華艶	기위금화염
要看隱逸姿	요간은일자
未敷承露葉	미부승로엽
新展傲霜枝	신전오상지
百卉飄零後	백훼표령후
相諧歲暮期	상해세모기

주석

- 과복課僕 : 과課는 부과하다. 복僕은 하인이라는 말이지만, 여기서는 자신에 대한 겸사로 사용되었다.
- 의공倚筇 : 의지할 의倚, 지팡이 공筇이다. 지팡이를 짚다.
- 금화金華 : 금빛 아름다움. 그런 아름다움을 추구하는 것이 아니라, 은일隱逸이라는 은자의 모습을 위하여 국화꽃을 심는다는 말이다.
- 상해相諧 : 해諧는 화합하다. 서로 조화롭다, 잘 어울린다는 뜻이다.

작자

이이는 조선 중기 대표적인 성리학자로 호는 율곡栗谷이다. 어머니는 현모양처의 사표로 추앙받는 신사임당申師任堂이다. 각종 과거에서 아홉 번이나 장원을 하여 구도장원九度壯元이라고 불렸으며, 여러 벼슬을 거치면서 신진 사림의 중심인물이 되었다. 동서분당 과정에서 서인의 영수가 되었지만, 당파 싸움을 막기 위하여 많은 애를 썼다. 선조 임금의 각별한 지우를 받아, 많은 정치적인 견해를 실천에 옮기려고 노력하였다. 저서로 『율곡전서栗谷全書』가 남아 있고, 많은 사군자 한시도 있다. 특히 오죽헌烏竹軒에 남아있는 매화를 '율곡매'라고 부르고 있는데, 신사임당과 율곡이 가꾸었다고 전해진다.

* 정철(鄭澈, 1536~1593)

함흥 시월에 국화를 보다

깊어가는 가을 변방에 기러기소리 애닯은데
고향 그리워 또다시 망향대에 올라본다
은근한 시월 함흥 산의 국화여
중양절 때문이 아니라 나그네를 위해 피었겠지

咸興十月看菊花　함흥시월간국화

秋盡關河候雁哀　　추진관하후안애
思歸且上望鄉臺　　사귀차상망향대
慇懃十月咸山菊　　은근시월함산국
不爲重陽爲客開　　불위중양위객개

주석

- 후안候雁 : 후候는 살피다, 묻는다는 말. 안雁은 기러기이다. 기러기는 우리나라에 늦가을에 왔다가 이른 봄이면 북쪽으로 날아간다. 기러기를 보면 계절을 잘 알 수 있어서 후안이라고 부르게 되었다. 또 후候는 5일을 가리킨다. 3후를 한 절기라고 한다. 일 년은 72후 24절기로 되어 있다. 5일마다 안부를 묻는다하여 문후問候라는 말이 만들어졌다.
- 은근慇懃 : 간곡하다. 정이 깊다는 말이다.
- 함산咸山 : 함흥의 산.

작자

정철은 조선 중기 대표적인 문학가이자 관료로 호는 송강松江이다. 서울에서 태어나 어렸을 때 조부의 산소가 있는 전라도 담양 창평 당지산唐旨山 아래로 이주하게 된다. 이곳에서 과거에 급제할 때까지 10여년을 보내며 여러 호남의 문인들과 교유하였다. 저서로는 문집인 『송강집松江集』과 가사 작품집인 『송강가사』가 있다. 이외에도 「김유회의 집에서 분국을 대하며/金孺晦家對盆菊」, 「이웃이 국화를 보내왔다/鄰人送菊」 등의 사군자 시가 있다.

* 백광훈(白光勳, 1537~1582)

대나무 울타리

대나무 사랑하면서도 들어오는 걸 막으려고
또 대나무로 울타리를 만들었네
짧은 곳으로는 산 그림자 비치고
성긴 곳은 물을 흘려 못으로 통하게 하였네
따뜻한 곳에서는 매화와 어울리고
그늘 진 곳에는 눈이 계속 머물러 있다네
자손들도 만약 눈에 가득 채운다면
아마도 모두 군자가 될 것이네

竹籬	죽리
愛竹防侵竹	애죽방침죽
還將竹作籬	환장죽작리
短從山映戶	단종산영호
疎任水通池	소임수통지
護暖梅兼絶	호난매겸절
留陰雪一奇	유음설일기
兒孫如滿眼	아손여만안
恣意爲君爲	자의위군위

주석

- 산영호山映戶 : 산 그림자 비치는 문이 된다는 말이다. 대나무 울타리를 연상하면, 높이가 낮은 곳으로는 산의 모습이 비치고, 대나무 울타리가 성긴 곳으로는 물길이 만들어진다는 말이다.
- 아손兒孫 : 아들과 손자를 뜻한다. 후손이라는 말인데, 대나무가 계속 번식하는 것을 비유적으로 말하는 것이다.
- 위군爲君 : 대나무가 번식하여 눈에 가득 차면, 대나무는 차군此君이니 모두 다 군자가 될 것이라는 말이다.

작자

백광훈은 조선 중기의 대표적인 시인으로 호는 옥봉玉峯이다. 형인 백광안白光顔과 백광홍白光弘 및 종제 백광성白光城 등 한 집안 네 형제가 모두 문장으로 칭송을 받았다. 그는 또 이산해·최립 등과 더불어 팔문장八文章의 칭호를 들었으며, 글씨에도 일가를 이루어 초서에 뻬어났다. 문집으로 『옥봉집玉峯集』이 있다. 위의 시 외에도 「떨어진 매화를 읊다/詠落梅」, 「분란을 읊어 청련선생께 드리다/詠盆蘭 呈靑蓮先生」 등과 같은 사군자 시가 있다.

* 김성일(金誠一, 1538~1593)

매화 다리

푸른 등걸 가지에 하얀 매화 피어
시냇물에 반쯤 기울어져 있네
샘물은 선녀의 패옥 소리처럼 차갑고
향기 젖어 옥과 같은 이슬 내리네
유인은 차마 그냥 지나가지 못하니
달은 지고 별이 비낀 그런 밤이기에

梅橋	매교
素娥跨蒼虯	소아고창규
橫渡半溪臥	횡도반계와
泉鳴霞佩寒	천명하패한
香濕玉露下	향습옥노하
幽人不忍過	유인불인과
月落參橫夜	월락삼횡야

주석

- 소아素娥 : 희고 아름다움. 매화꽃을 가리킨다.
- 고跨 : 넘을 과이지만, 여기서는 걸터앉을 고로 쓴 것이다.
- 창규蒼虬 : 본디 푸른 용을 말하는데, 여기서는 줄기와 가지가 구불구불한 매화 등걸을 말한다.
- 삼횡參橫 : 삼성參星이 비끼다. 삼성은 겨울 한 밤중에 하늘 복판에서 밝게 빛나는 세 개의 별을 말한다. 밤이 깊어진다는 말이다. 유종원柳宗元의 시구에 '달이 지고 삼성이 비꼈다/月落參橫'라는 구절이 있다.

작자

김성일은 선조대의 문신으로 호는 학봉鶴峰이다. 과거에 급제하여 여러 관직을 역임하였다. 일본에 파견되었다가 돌아와 일본이 침입하지 않을 것이라고 하여 왜란 초에 파직되기도 하였다. 그러나 다시 경상도초유사로 임명되어 왜란 초기에 피폐해진 경상도 지역의 행정을 바로 세우고 민심을 안정시키는 데 기여하였다. 문집으로 『학봉집鶴峰集』이 있으며, 위 시 외에도 「시든 국화/殘菊」, 「대를 읊은 시를 차운하다/次咏竹」 등과 같은 사군자 시를 남겼다.

* 김성일(金誠一, 1538~1593)

오산의 '초제잡영'을 차운하다

그윽한 난이 빈 골짝에 있을 때는
파묻혀서 여느 풀과 같았다네
멀리 풍기는 향기 없었더라면
세상 사람이 어찌 보배인 줄 알았으리
해마다 새로운 싹 돋아나오니
잎은 늙어도 그 향기는 시들지 않네
(절선)

次五山招提雜詠 차오산초제잡영

幽蘭在空谷	유란재공곡
蕪沒同庶草	무몰동서초
不有馨香遠	불유형향원
世人焉知寶	세인언지보
年年茁新芽	연년줄신아
葉老香不老	엽로향불로

(節選)

주석

- 이 시는 '천서사의 분란/右天瑞寺盆蘭'을 읊은 것으로 적혀 있다.
- 초제招提 : 절이다. 오산 차천로가 절에서 지은 여러 한시를 차운하여 지은 것이다. 초제는 범어를 음역한 '척제拓提'를 다르게 표기 한 것이다. '사방四方'이라는 뜻인데, 절, 사원의 뜻으로 널리 쓰이고 있다.
- 향불로香不老 : 향이 시들지 않는다는 말은 향기가 사라지지 않는다는 말이다. 난향이 있는 건 흔히 중국 난이다.

* 김성일(金誠一, 1538~1593)

취하여 꽃병의 국화를 읊다

만 리 길에 소경 부절 잡고 있는 사이
삼추 지나 귀밑머리 이미 쇠하여졌네
어찌하여 서리조차 깔보던 호걸이
오늘은 사람 향해 고개 숙이는가

醉詠甁菊	취영병국
萬里蘇卿節	만리소경절
三秋鬢已衰	삼추빈이쇠
如何霜下傑	여하상하걸
今日向人垂	금일향인수

주석

- 소경절蘇卿節 : 여기서 절節은 사신이 들고 가는 깃발을 말하고, 소경蘇卿은 한나라의 소무蘇武를 가리킨다. 소무는 한나라 무제武帝 때 흉노匈奴에 사신으로 갔는데, 흉노의 선우單于가 갖은 협박을 하는데도 굴하지 않다가, 다시 북해北海로 옮겨져서 양을 치며 지냈는데, 그때까지도 한나라의 절節을 그대로 잡고 있었다. 소경절은 흔히 사신으로 가는 것을 말한다. 이 시는 작자가 일본으로 사신을 가서 쓴 시이다.
- 삼추三秋 : 여러 가지 의미로 쓰이는데, 계추季秋란 의미로 9월, 가을의 석 달, 세 해의 가을이라는 삼 년의 긴 세월 등을 이르기도 한다. 여기서는 가을 석 달이 지났다는 말이다.

* 이성중(李誠中, 1539~1593)

난을 심으며

소태선암 아래서 옮겨와
한산성 작은 봄 동산에 심었네
온 세상이 모두 난을 사랑할 줄 알지만
난 같은 사람을 사랑하는 이는 아무도 없네

種蘭	종란
移從蘇泰仙巖底	이종소태선암저
種向韓城小院春	종향한성소원춘
擧世盡知蘭可愛	거세진지란가애
却無人愛似蘭人	각무인애사란인

주석

- 소태선암蘇泰仙巖 : 충청남도 서천군 한산韓山에 있다.
- 한성韓城 : 한산, 시인은 한산군수로 있었다.

작자

이성중의 호는 파곡坡谷이다. 세종의 아들 계양군桂陽君 이증李璔의 현손이며, 강양군江陽君 이숙李潚의 증손이다. 1592년 4월 임진왜란이 일어나자 수어사가 되어 임금을 호종해 평양에 이르러 호조판서가 되고, 선조의 요동遼東 피난을 반대하였다. 7월에는 중국 구련성九連城에 파견되어 명나라의 원병을 청했고, 원병이 오자 이여송李如松 군대의 식량 조달을 위해 진력하다가 1593년 7월 함창에서 과로로 병사하였다. 저서로는 『파곡유고波谷遺稿』가 있다.

* 이산해(李山海, 1539~1609)

매화

남국의 가인이라 옥설 같은 자태
엷은 화장 가벼운 소매 걸음도 나긋해
별이 지고 달도 져 먼동이 트려는데
창 앞에서 웃고 있으니 누구에게 보이는가

梅花	매화
南國佳人玉雪姿	남국가인옥설자
淡粧輕袂步遲遲	담장경메보지지
參橫月落天將曉	참횡월락천장효
一笑窓前知爲誰	일소창전지위수

주석

- 남국가인南國佳人 : 남쪽의 미인. 매화는 남녘에서 잘 자라는 식물이어서 매화의 별칭이 되었다.
- 담장淡粧 : 담박한 엷은 화장. 짙은 화장은 농장濃粧, 그러면서 요염한 화장은 염장艶粧이라고 하였다.
- 지知 : 알다, 나타내다. 여기서는 보이다의 뜻으로 쓰였다.

작자

이산해는 조선중기의 문인으로 호는 아계鵝溪이다. 문장에 능하여 선조조 문장팔가文章八家의 한 사람으로 불렸다. 서화도 잘해 대자大字와 산수화山水畵에 뛰어났으며, 용인의 「조광조묘비趙光祖墓碑」등을 썼다. 문집으로 『아계집鵝溪集』이 있으며, 위의 시 외에도 「매화/梅花」, 「이른 매화/早梅」, 「매화와 이별하며/別梅花」 등과 같은 매화 시가 많다.

* 이산해(李山海, 1539~1609)

매화가 아직 피지 않았기에

문노니 매화야, 어느 날에나 피려느냐
매화 말하길, 피려는데 봄추위가 억누른다오
매화야, 봄이 날 질투함이지 널 시기함이 아니니
이제부턴 시도 그만두고 난간에 기대지도 않을게

梅花尚不發　　매화상불발

我問梅花開幾日　　아문매화개기일
梅言欲發勒春寒　　매언욕발륵춘한
東君妬我非猜汝　　동군투아비시여
從此休詩廢倚欄　　종차휴시폐의란

주석

- 이 시의 원제는 '봄이 저물어 가는데도 매화가 아직 피지 않았기에 재미삼아 읊다/春晩梅花尙不發 戲吟'이다.
- 희음戲吟 : 재미삼아 가볍게 읊을 때 흔히 쓰는 표현이다.
- 기일幾日 : 몇 날에나, 어느 날에나.
- 륵勒 : 윽박지르다, 억누른다는 뜻이다.
- 동군東君 : 봄의 신. 음양오행에서 동쪽은 봄을 가리킨다.
- 휴시休詩 : 시를 짓지 않다. 휴休는 그만두다, 그치다의 뜻이다.

* 이산해(李山海, 1539~1609)

난 그림을 준 유생에게 사례하다

천금 같은 한 폭을 주니
의연히 계곡 속에 피었네
다른 사람은 모른다네
바람 스쳐도 향이 나지 않기에

謝劉生寄畫蘭	사유생기화란
一幅千金贈	일폭천금증
依依谷裏芳	의의곡리방
任他人未識	임타인미식
風過不聞香	풍과불문향

주석

- 이 시는 유생이란 사람이 난 그림을 보내주어서, 이에 사례하는 뜻으로 시를 지어 보낸 것이다. 천금 같다고 하였으니, 이 무렵 이미 난 그림이 매우 귀하게 여겨졌음을 말해준다.
- 임任 : ~ 로 하여금. 다른 사람으로 하여금.
- 불문향不聞香 : 향기가 나지 않는다는 뜻.

* 이달(李達, 1539~1612)

대나무 그림

우뚝 솟은 대나무 반쯤 꺾어지고
가지는 성글어서 묵은 뿌리 생겼구나
예전엔 자욱한 안개비 속에서
얼마나 많은 아들과 손자들 길러냈을까

畫竹	화죽
脩竹半身折	수죽반신절
疏枝生老根	소지생노근
從前煙雨裏	종전연우리
幾箇長兒孫	기개장아손

주석

- 노근老根 : 오래된 대나무의 뿌리.
- 연우煙雨 : 안개 비, 몽환적인 아름다운 풍경을 말한다.
- 아손兒孫 : 아들과 손자, 대나무가 솟아 자라남을 말한다.

작자

이달은 조선 중기의 유명한 시인으로, 강원도 원주 손곡蓀谷에 묻혀 살았기에 호를 손곡이라고 하였다. 제자 허균許筠이 이달의 전 「손곡산인전蓀谷山人傳」을 짓기도 하였다. 위의 시 외에도 「매화 그림/畫梅」, 「필락 말락 한 매화를 읊다/詠梅欲開未開者」 등과 같은 사군자 시가 있다.

* 홍가신(洪可臣, 1541~1615)

대나무를 읊다

남쪽 담에 손수 심은 대나무
지금은 수백 그루 되어
달 밝은 뜰에 그림자 흔들면서
주인 돌아오기를 기다린다네

詠竹	영죽
手種南墻竹	수종남장죽
今成數百竿	금성수백간
婆娑月庭影	파사월정영
留待主人還	유대주인환

주석

- 파사婆娑 : 가냘프게 사뿐사뿐 춤추는 모양. 대나무가 너울거리는 모양.
- 유대留待 : 머물러 기다리다. 대나무는 뜰에 머물러 기다리고 있다는 말이다.

작자

홍가신은 조선 중기의 성리학자이자 문신으로 호는 만전당晩全堂이다. 1588년 수원부사로 있을 때 구황救荒의 공이 있어 표창을 받았으나 평소에 정여립鄭汝立과 가까이 지낸 이유로 1589년 정여립의 모반 사건 때 파직당하였다. 아산의 인산서원仁山書院과 온양의 정퇴서원靜退書院에 봉안되어 있다. 저서로 『만전집晩全集』이 있다. 위의 시 외에도 「국화/菊」, 「매화/梅花」 등과 같은 사군자 시가 있다.

* 정구(鄭逑, 1543~1620)

회연초당에 쓰다

야트막한 산 앞 자그마한 집에
가득한 매화 국화 해마다 늘어나네
흰 구름 푸른 물이 그림같이 꾸며주니
세상에 나보다 호사하는 이 없을거야

題檜淵草堂　　제회연초당

小小山前小小家　　소소산전소소가
滿園梅菊逐年加　　만원매국축년가
更教雲水粧如畫　　경교운수장여화
擧世生涯我最奢　　거세생애아최사

주석

- 회연초당檜淵草堂 : 작자의 나이 49세 때인 1591년 봄에 경상도 성주星州 고을 회연檜淵 아래 사창社倉으로 주거지를 옮기고 이 시를 지었다. 나중에 이곳이 회연서원檜淵書院이 되었다. 당시 그 곳에 백매원百梅園을 만들어서 많은 매화를 심고 가꾸었다. 현재 백매원이 복원되어 이른 봄이면 매화꽃이 활짝 피어난다.
- 운수雲水 : 구름과 물. 주변의 산천을 말한다.
- 거세擧世 : 거擧는 다, 모두라는 말이다. 온 세상.

작자

정구는 조선 중기의 문인 학자로 호는 한강寒岡이다. 이황과 조식을 스승으로 삼았기에, 두 연원을 종합하였다고도 한다. 창녕현감昌寧縣監, 동복현감同福縣監 등을 하였으며, 임진왜란이 일어나자 의병을 일으켜 활약하였다. 학문은 성리학과 예학뿐만 아니라 제자백가·역사·의약·풍수지리 등 여러 방면에 걸쳐 박학하였는데, 특히 예학에 조예가 깊어서 많은 저술을 하였다. 읍지에도 관심이 많아 지방관으로 부임하는 지역마다 거의 예외 없이 읍지를 편찬해 『동복지同福志』·『관동지關東志』 등 7종의 읍지를 간행하였다. 문집으로 『한강집寒岡集』이 있다.

* 조호익(曺好益, 1545~1609)

대나무를 읊다

나 홀로 달 빛 속을 걷는 밤
때때로 옥 두드리는 바람소리 듣는다.
그대와 웃음을 나누는 걸 보니
나의 도가 완전히 다한 건 아니로구나

詠竹 영죽

獨步篩金夜 독보사금야
時聞敲玉風 시문고옥풍
與君成一笑 여군성일소
吾道未全窮 오도미전궁

주석

- 사篩 : 체. 체질하다, 흩뿌리다. 사금야篩金夜는 금을 흩뿌린 것 같은 달이 빛나는 밤을 말한다.
- 전궁全窮 : 모두 다 없어지다, 모두 다 곤궁해지다는 뜻.

작자

조호익은 조선 중기 성리학자로 호는 지산芝山이다. 여러 관직에 나아갔으며, 이황의 문인으로서 학문에 정진하여 많은 후학을 양성하였다. 영천의 지봉서원芝峰書院과 도잠서원道岑書院, 성천의 학령서원鶴翎書院, 강동의 청계서원淸溪書院 등에 제향 되었다. 저서로 『지산집芝山集』이 있다. 위의 시 외에도 「들국화/野菊」, 「매화를 구하다/求梅」 등과 같은 여러 사군자 시가 있다.

* 유근(柳根, 1549~1627)

풍죽

솔가지는 바람을 만나면 꺾어지지만
대나무는 바람 따라 휘어진다네
모두가 서리에도 늠름한 자세이니
그 맑은 모습 누가 높고 낮겠는가

風竹	풍죽
松枝遇風折	송지우풍절
竹樹隨風亞	죽수수풍아
等是傲霜姿	등시오상자
清標孰高下	청표숙고하

주석

- 절折 : 꺾이다. 소나무 가지는 바람에 꺾임을, 대나무 가지는 바람에 휘어짐을 말한 것이다. 버금 아亞는 휘어진다, 눌린다는 뜻으로 쓰인 글자이다.
- 등시等是 : 모두 같음. 균시均是와 같은 말이다.

작자

유근은 조선 중기의 문신으로 호는 서경西坰이다. 경기도 관찰사, 예조판서 등을 하였으며, 1627년 정묘호란 때 강화에 왕을 호종하던 중에 통진에서 운명하였다. 괴산의 화암서원花巖書院에 제향 되었으며, 문집으로 『서경시집西坰詩集』을 남겼다.

* 신흠(申欽, 1566~1628)

붉은 매화 그림에 쓰다

신묘한 붓 누가 잡아 정교하게 본떴는가
서호의 수백 그루보다도 훨씬 낫구나
섣달 눈 쌓인 속에서는 찬란하게 빛이 나고
새벽안개 낄 때는 황홀하여 진다네
다만 본디 모습을 온전하게 할 뿐이니
옥 살결에 붉은 단장 한 걸 이상하다 말아야지
온갖 꽃들 만약에 순서를 매긴다면
요황위자 모란도 하인 같을 걸

題絳梅圖	제강매도
誰將神筆巧成摹	수장신필교성모
絕勝西湖數百株	절승서호수백주
臘雪正深方燦爛	납설정심방찬란
曉霞纔襯却糢糊	효하재친각모호
但令素節全天賦	단령소절전천부
莫怪紅粧抹玉膚	막괴홍장말옥부
若把群芳評次第	약파군방평차제
姚黃魏紫總庸奴	요황위자총용노

주석

- 강매도絳梅圖 : 강絳은 진홍색, 깊게 붉은 색을 뜻한다. 붉은 색 매화 그림이라는 뜻이다.
- 재친纔襯 : 겨우 겨우 재纔, 이제 막이라는 뜻으로 쓰인다. 속옷 친襯은 츤儭이라고도 쓴다. '가까이하다' '베풀다'라는 뜻이다. 그러므로 '재친'은 이제 막 베풀어진다는 의미이다.
- 요황위자姚黃魏紫 : 요씨 집의 홍색 모란과 위씨 집의 자색 모란이다. 매우 희소해서 소중하게 여기는 모란꽃을 가리키는 말이다.
- 용노庸奴 : 용렬한 하인들. 왕안석王安石의 호도행虎圖行에 '아마 그 당시 두 다리 뻗고 그림 그리려 할 땐, 뭇 화공들을 깔보면서 하인처럼 여겼으리/想當盤礴欲畫時 睥睨衆史如庸奴'라고 한데서 온 말이다.

작자

신흠은 조선시대 문신학자로 호는 상촌象村이다. 항상 문한직文翰職을 맡아 대명외교문서의 제작, 시문의 정리, 각종 의례문서의 편찬에 참여하는 등 문운의 진흥에 크게 기여하였다. 한때 벼슬에 나가서 서인인 이이와 정철을 옹호하여 동인의 배척을 받았으나, 장중하고 간결한 성품과 뛰어난 문장으로 선조의 신망을 받았다. 저서로 『상촌집象村集』이 있는데, 위의 시 외에도 「몇 그루 대나무를 옮겨 심었더니 너무나 조촐해 보여 재미삼아 써 보다/移竹數竿極蕭條口占戲書」 등의 사군자 시가 있다.

* 신흠(申欽, 1566~1628)

무제

오동은 천년이 지나도 곡조를 머금고 있고
매화는 일생을 추운데 살아도 향기를 팔지 않는다
달은 천 번을 이지러져도 그 본바탕이 남아 있고
버드나무는 백 번을 꺾여도 새 가지가 올라온다

無題	무제
桐千年老恒藏曲	동천년노항장곡
梅一生寒不賣香	매일생한불매향
月到千虧餘本質	월도천휴여본질
柳經百別又新枝	유경백별우신지

주석

- 이 시는 지조를 강조하는 예시로 자주 거론되고 있다. 상촌의 수필집에 실려 있다.
- 장藏 : 간직하다, 머금고 있다는 뜻이다.
- 불매향不賣香 : 향기를 팔지 않는다. 매賣는 팔다는 뜻인데, 댓가를 바라고 향기를 내뿜지 않는다는 말이다.
- 백별百別 : 백번을 꺾이다. 별別은 헤어지다, 갈라지다는 뜻이다.

* 신흠(申欽, 1566~1628)

동양이 구월 구일에 국화 화분을 보내오다

동쪽 울타리의 한 송이 강을 건너 와
맑고 고운 꽃 중구일에 피어나네
꽃은 늘 그대로여서 고향의 얼굴인데
사람은 이제 늙어 어느 때나 돌아갈까
서리 맞은 가지는 흰머리 비녀로 쓸 만하고
따낸 꽃은 술 위에 띄울 만하구나
쓸쓸하여라 좋은 철에 먼 경관 구경하고파
해질 녘 바닷가 누대에 홀로 오른다네

東陽九日送菊盆　동양구일송국분

東籬一朶渡江來	동리일타도강래
寒艶新逢九日開	한염신봉구일개
花自依然故鄕面	화자의연고향면
人今老矣幾時廻	인금로의기시회
霜枝且可簪華髮	상지차가잠화발
落蘂應須泛綠醅	낙예응수범녹배
怊悵佳辰空騁望	초창가진공빙망
海天斜照獨登臺	해천사조독등대

주석

- 동리일타東籬一朶 : 동리東籬는 동쪽 울타리, 타朶는 꽃송이라는 말이다. 그러므로 동쪽 울타리 가에 핀 한 송이 국화꽃을 가리킨다. 도연명의 시구에서 나와서, 오래도록 시인들이 즐겨 사용하는 말이다.
- 상지霜枝 : 서리 맞은 가지. 국화 가지인데, 다듬어서 비녀로 쓰기도 하였다.
- 낙예落蘂 : 떨어질 낙이지만, 여기서는 수습하다, 따다는 뜻으로 쓰였다, 예蘂는 꽃술, 꽃을 가리킨다.
- 녹배綠醅 : 좋은 술의 이름이다.
- 빙망騁望 : 먼 경관, 멀리 바라보다는 뜻이다. 『초사楚辭』 「상부인湘夫人」에 "흰 마름 제물祭物 올리며 멀리 바라본다/登白蘋兮騁望"이라는 표현이 나온다.
- 등대登臺 : 9월 9일 중양절에는 산봉우리에 올랐는데 이를 등고登高라고 하였다. 그 풍속에 따라 대에 올라 감을 말한 것이다.

* 허균(許筠, 1569~1618)

송화에서 중구일 비를 만나다

익은 배 살진 게 송순주를 올리는 날
집을 떠난 이내 가슴 다시 또 쓸쓸하네
온 성의 비바람에 사람 홀로 앉았으니
등고를 않는다고 국화가 웃네그려

松禾重九逢雨　　송화중구봉우

霜梨露蟹薦松醪　　상리로해천송료
九日離心更鬱陶　　구일리심경울도
風雨滿城人獨坐　　풍우만성인독좌
菊花如笑未登高　　국화여소미등고

주석

- 송화松禾 : 황해도에 있는 지명이다.
- 송료松醪 : 소나무 술을 말한다. 료醪는 술을 가리킨다. 흔히 봄철에 솔방울, 혹은 솔잎을 따서 술을 빚는다. 송순주松荀酒라고도 한다. 중양절에는 이 술로 선인들에게 제사를 지내기도 하였다.
- 등고登高 : 음력 9월 9일 중양절에는 높은 곳에 올라가서 노는 풍습이 있었다. 이를 등고라고 한다. 가장 큰 양의 숫자가 겹치는 그 날에 양을 극대화하기 위하여 높은 곳에 올라가는 것이다.

작자

허균은 당대 명가의 후예로 호는 교산蛟山·성소惺所이다. 자유분방한 삶과 파격적인 학문으로 굴곡 있는 삶을 살았던 정치인이자 문장가였다. 한글소설 『홍길동전』의 작자로 유명하며, 문집으로 방대한 『성소부부고惺所覆瓿藁』가 있다. 위의 시 외에도 「옥매화 아래서/玉梅花下」등 많은 사군자 시가 있다.

* 허균(許筠, 1569~1618)

길 가다가 짓다

이 숲 저 숲 고운 잎 서리 살짝 거쳤는데
절 찾아 들어가니 나그네 흥도 길어라
산 아래 국화꽃이 술에 띄우기 알맞으니
중양놀이 두 번 해도 해롭지는 않을 거야

道中作	도중작
連林錦葉乍經霜	연림금엽사경상
行入招提客興長	행입초제객흥장
山下菊花堪泛酒	산하국화감범주
不妨留作兩重陽	불방류작량중양

주석

- 도중작道中作 : 흔히 길을 가다가 시를 짓는 것을 말한다. 도중道中이라고만 쓰기도 한다.
- 사乍 : 잠깐, 갑자기이지만, 살짝이라는 뜻으로 쓰였다.
- 초제招提 : 절을 가리키는 말이다. 앞서 말한 것처럼 초제는 범어를 음역한 '척제拓提'를 다르게 표기 한 것이다. '사방四方'이라는 뜻인데, 절, 사원의 뜻으로 널리 쓰이고 있다.
- 감堪 : ~ 할 만 하다는 말이다.
- 불방不妨 : 나쁘지 않다. 해롭지 않다는 말이다.

* 김육(金堉, 1580~1658)

나그네를 맞이하여 꽃을 보다

그대 벼슬살이 바빠 들매화 꺾잔 약속 잊었는가
오늘에야 비로소 그대 위해 사립문을 열었다네
꽃 많은 가지 쉬이 분분하게 떨어지니
하루에도 모름지기 일백 번은 와야 하리

邀客看花　　요객간화

皂盖能忘折野梅　　조개능망절야매
蓬門今始爲君開　　봉문금시위군개
繁枝容易紛紛落　　번지용이분분락
一日須來一百廻　　일일수래일백회

주석

- 요邀 : 맞이하다는 말이다. 달을 맞이하는 것은 '요월邀月'이라고 한다.
- 조개皂蓋 : 조皂는 하인이라는 말이며, 개蓋는 덮는다는 말이다. 하인이 덮어주는 것으로, 옛날 관원이 쓰던 검은 일산을 가리킨다. 벼슬살이 하는 것을 말한다.
- 봉문蓬門 : 사립문. 쑥 봉蓬으로 쑥이 더부룩하게 자란 사립문을 가리킨다.

작자

김육은 조선의 성리학자로 호는 잠곡潛谷이다. 1609년에 동료 태학생들과 함께 청종사오현소請從祀五賢疏(김굉필·정여창·조광조·이언적·이황 등 5인을 문묘에 향사할 것을 건의하는 소)를 올린 것이 화근이 되어 문과에 응시할 자격을 박탈당하자, 성균관을 떠나 경기도 가평 잠곡에 은거하였다. 그 곳에서 회정당을 짓고 학문을 닦으니, 이때부터 스스로 호를 잠곡이라 하였다. 문집으로 『잠곡유고潛谷遺稿』가 있다. 위의 시 외에도 「은대에 국화를 심다/銀臺種菊」 등과 같은 사군자 시가 있다.

* 김육(金堉, 1580~1658)

국화

집 주위 섬돌 따라 모두 국화 심었더니
창문 열면 곳곳에서 국화꽃이 보이네
무리지어 언덕 이룬 샛노란 황금색에
돈만 아는 부귀가로 여길지 모르겠어

菊花	국화
繞舍循除皆種菊	요사순제개종국
開窓隨處可看花	개창수처가간화
翻嫌堆岸黃金色	번혐퇴안황금색
却似貪錢富貴家	각사탐전부귀가

주석

- 순제循除 : 계단을 두르다. 섬돌을 따르다는 말이다. 주자의 「백록동부白鹿洞賦」에 이르기를, "산은 푸르게 집을 둘러싸고 있고, 물은 콸콸거리며 섬돌을 따라 흐르네/山葱瓏而遶舍 水汩瀧而循除"라고 하였다.
- 번혐翻嫌 : 여기서 번飜은 도리어를 말한다. 도리어 싫다, 도리어 의심스럽다는 뜻이다.
- 탐전貪錢 : 돈을 탐하다. 둥그런 황금 국화꽃을 돈에 비유한 것이다.

* 이식(李植, 1584~1647)

화분의 매화가 활짝 피어

동지를 영접하는 매화꽃 소식
그대의 집에 별천지가 펼쳐졌구려
그 누가 알았으랴 이 작은 화분이
온갖 꽃 앞서 봄을 차지할 줄을
닫힌 방 연무에 온기가 살아나고
텅 빈 창가 달빛은 아름다움 다투네
빙옥 같은 그 자질 뽐내지 말라
모두가 심고 기른 여윈 선비 덕이니

盆梅盛開	분매성개
梅信迎長至	매신영장지
君家有別天	군가유별천
誰知一盆小	수지일분소
已占百花先	이점백화선
密室煙回煖	밀실연회난
虛窓月鬪姸	허창월투연
莫誇冰玉質	막과빙옥질
培植賴癯仙	배식뢰구선

주석

- 이 시의 원제는 '화분의 매화가 활짝 피어 이 상사 후기의 집에서 지은 시, 동지 지난 지 이틀 만에/李上舍厚基宅盆梅盛開 距冬至二日也'이다.
- 장지長至 : 하지, 동지 등 낮이나 밤의 길이가 긴 때를 말한다. 여기서는 동지를 가리킨다.
- 별천지別天地 : 특별한 세계. 이백李白의 '산중문답山中問答'에 "복사꽃 아득히 물에 떠서 흐르는 곳, 인간 세상 아닌 별천지가 펼쳐졌네/桃花流水杳然去 別有天地非人間"라는 유명한 시구가 있다.
- 빙옥질冰玉質 : 빙옥과 같은 바탕, 매화의 깨끗한 모습을 가리키는 말이다.
- 구선癯仙 : 구癯는 여위다, 파리하다는 뜻인데, 구선은 자연에 은거한 여윈 선비, 산수 간에 숨어 사는 현사賢士를 말한다. 여기서는 분매를 기르고 있는 이상사를 가리킨다.

작자

이식은 뛰어난 문장가로 호는 택당澤堂이다. 1618년 폐모론이 일어나자 정계에서 은퇴하여 남한강변에 택풍당澤風堂을 짓고 오직 학문에만 전념했다. 신흠·이정구·장유와 함께 한문사대가로 꼽혔으며, 그의 문하에서 많은 문인과 학자가 배출되었다. 문집으로 『택당집澤堂集』이 전하는데 한시의 모든 갈래에 두루 능숙했고 많은 작품을 남겼다. 위의 시 외에도 「시월 국화/十月菊」, 「거듭 오국시를 짓다/重題烏菊」 등과 같은 많은 사군자 시가 있다.

* 이식(李植, 1584~1647)

매화를 꺾어 병에 꽂은 후

눈서리 속에서 매화가지 가려내어
대 침상 부들자리 위에 그윽한 모습 담았네
꽃봉오리 몽실몽실 등잔불 따라 벙글어지고
차병에 쌓인 향기 뭉게뭉게 피어나네
나부의 옛날 인연 남은 게 스스로 우습지만
선녀가 낭원으로 훌쩍 떠나버릴까 걱정되네
뒷날 고향 꿈에 잠 못 자고 뒤척일 때
강남의 역사 늦게 오면 애간장 끊기리라

折梅插瓶	절매삽병
揀得氷霜第一枝	간득빙상제일지
竹床蒲席貯幽奇	죽상포석저유기
花隨燈焰房房柝	화수등염방방탁
香襲瓶湯陣陣披	향습병탕진진피
自笑羅浮餘舊障	자소나부여구장
猶嫌閬苑返仙姿	유혐낭원반선자
故山他夕勞歸夢	고산타석노귀몽
腸斷江南驛使遲	장단강남역사지

주석

- 이 시의 원제는 '매화를 꺾어 병에 꽂은 후 등불 아래에 놓고 나서 재미삼아 시를 짓다/折梅揷甁 置燈下戲作'라고 되어 있다.
- 간득揀得 : 간揀은 가리다, 뽑다로 가려내다, 뽑아내다는 뜻이다. 매화가지를 가려 꺾는 것이다.
- 방방탁房房拆 : 방방房房은 '봉우리마다'라는 뜻으로 봉우리마다 터지다, 봉우리마다 매화꽃이 벌어지다는 뜻이다.
- 진진피陣陣披 : 진진陣陣은 잠시 간격을 두고 연속적으로 일어나는 것을 뜻한다. 찻잔 속에서는 향기가 계속 풍겨오는 것을 말한다.
- 나부羅浮 : 매화로 유명한 나부산羅浮山을 말한다. 중국 광동성廣東省의 동강東江에 있다. 수隋나라 때 조사웅趙師雄이 나부산에 갔다가 향기가 감도는 어여쁜 미인을 만나 즐겁게 환담하고 술을 마시며 하룻밤을 보냈는데, 다음 날 아침에 보니 큰 매화나무 아래에 술에 취해서 누워 있었다고 한다. 미인은 매화의 화신花神이었으니 이후로 나부산의 미녀는 매화의 별칭으로 쓰인다.
- 구장舊障 : 옛 인연. 장障은 병풍이란 말이다. 보통 병풍 아래 즐겁게 만난 인연을 가리키는 말이다.
- 낭원閬苑 : 곤륜산崑崙山 꼭대기에 있는 낭풍산閬風山으로, 신선이 사는 곳이다. 매화는 선녀의 화신이니, 선녀가 다시 돌아가 버릴까 걱정하는 말이다.
- 강남역사江南驛使 : 강남에서 오는 사신. 역사는 공문이나 서신을 전달하는 사람이다. 흔히 친지의 소식 혹은 그 소식을 전하는 사람을 가리킨다. 비슷한 말로 역사매화驛使梅花라고 하면 친구 안부를 묻는 일이나 그리워하는 마음을 가리키는 뜻이다.

* 이식(李植, 1584~1647)

산국화

세상에서 산국화 알아보지 못하고
예부터 명품으론 부족하다 말하네
무심히 한 다발 꺾어 들고서
손을 대면 금세 향기로워라
난도 혜도 결국은 믿기 어려워
풍상에도 부질없이 위세를 떨치다니
깊은 산골 여기저기 돌아다녀 보아도
너 같은 모습은 또한 만나기 어려워라

山菊花	산국화
山菊世不數	산국세불수
由來名品微	유래명품미
無心供采掇	무심공채철
觸手暫芳菲	촉수잠방비
蘭蕙竟難恃	난혜경난시
風霜空自威	풍상공자위
徘徊幽澗底	배회유간저
似汝亦云稀	사여역운희

주석

- 불수不數 : 셀 수 없다. 많이 남지 않음을 말한다. 소식蘇軾의 시 「차운경인유별次韻景仁留別」에 '공도 늙고 나도 노쇠하였거니, 서로 만날 날이 많지 않음이 한스럽네/公老我亦衰 相見恨不數'라고 하였다.
- 채철采掇 : 꺾어서 따다는 말이다.
- 난혜蘭蕙 : 난초蘭草와 혜초蕙草. 모두 난의 종류로, 꽃이 아름답고 향기롭다. 보통 난蘭은 꽃대에 꽃이 한 송이가 피는 일경일화를, 혜蕙는 꽃대에 꽃이 여러 송이가 피어나는 일경다화를 가리킨다.

* 윤선도(尹善道, 1587~1671)

분매

이렇게 눈과 찬바람 억세게 치는 때에
홀로 꽃 소식을 옥 가지에 부쳤네
초나라 난은 열매가 없어 아쉽고
심양강 국화는 이미 져서 애석하네
매화의 굳은 절개는 바로 군자와 걸맞은데
깊은 정 고인이 주심을 다시 깨닫네
밝은 창 안 높은 자리에 조용히 놓아두고
날마다 맑은 샘물 길러 손수 적셔 주리라

盆梅	분매
當此風饕雪虐時	당차풍도설학시
獨將芳信寓瓊枝	독장방신우경지
如嫌楚國蘭無實	여혐초국난무실
似惜潯江菊已萎	사석심강국이위
勁節正宜君子以	경절정의군자이
深情更覺故人貽	심정갱각고인이
高安靜几明窓裡	고안정궤명창리
日酌清泉手沃之	일작청천수옥지

주석

- 이 시의 원제목은 '동곽의 이노인께서 분매를 보내줌에 사례하여/謝東郭李老惠盆梅'이다.
- 분매盆梅 : 화분에 심어 기르는 매화.
- 풍도설학風饕雪虐 : 설학풍도雪虐風饕. 눈과 찬바람에 몰려 고생하는 것.
- 방신芳信 : 화신花信. 봄소식.
- 경지瓊枝 : 구슬처럼 아름답고 소중하게 여겨지는 나뭇가지. 여기에서는 분매의 가지를 가리킴.
- 초국란楚國蘭 : 중국 초나라 굴원屈原이 그의 글 「이소離騷」에서 이르던 난초를 가리킴.
- 심강潯江 : 중국 심양강潯陽江. 강서성江西省 구강九江의 별칭이다. 진나라 도연명이 심강 가에 은거하였기에, 심강의 국화는 도연명의 국화라는 말이다.
- 경절勁節 : 꿋꿋하고 굽히지 않는 지조.

작자

윤선도는 17세기 대표적인 문인학자로 호는 고산孤山이다. 정치적인 견해를 굳게 지켜나가다 여러 차례 유배생활을 하였다. 그러면서도 고향인 해남 금쇄동 원림, 수정동 원림, 그리고 보길도에 부용동 원림 등을 가꾸었다. 「어부사시사」라는 유명한 시조, 많은 한시문도 문집 『고산유고孤山遺稿』에 남아 있다.

* 장유(張維, 1587~1638)

들국화

들국화도 엄연한 국화의 한 이름
다만 도연명 같은 지기가 없을 따름이네
격조를 논한다면 양보해야 하겠지만
그윽한 향기 따진다면 가벼이 볼 수 없을 거야
계절 따라 운 좋게 곤충들이 도와주지만
오건 오지 않건 나비 뜻에 맡겨둘 밖에
이제 이 늙은이 시 한 편 읊은 뒤로는
그대 꽃잎 따려고 은자가 찾아오려나

野菊花	야국화
自是寒花一種名	자시한화일종명
獨無知己似淵明	독무지기사연명
若論標致應須遜	야논표치응수손
但鬪芬芳未可輕	단투분방미가경
賴得候蟲相籍在	뇌득후충상자재
任他游蝶不將迎	임타유접부장영
從今老子題詩後	종금노자제시후
會有幽人采落英	회유유인채낙영

주석

- 이 시의 원제는 '말이 병들어 김제의 시골 객사에서 머무는 동안 뜰에 심어 놓은 여러 가지 식물들을 한가로이 바라보면서 그냥 흥에 겨워 읊어 본 다섯 편의 시 중에 들국화/馬病留金堤村舍 閒看園中雜植 謾成五咏中野菊花'라고 되어 있다.
- 자시自是 : 자연히, 당연히, 엄연히 라는 말이다.
- 한화寒花 : 추운 계절에 피는 꽃으로, 보통 국화를 가리킨다. 야국野菊도 국화 종류의 하나라는 말이다.
- 사연명似淵明 : 국화를 지극히 사랑하였던 도연명陶淵明 같은 이라는 말이다.
- 뇌득賴得 : 다행히, 운 좋게 라는 말이다.
- 후충候蟲 : 매미나 귀뚜라미 같은 계절에 따라 우는 곤충을 말한다.
- 자籍 : 흔히 문서 적籍으로 쓰이는 글자이지만, 여기서는 도울 자籍이다.
- 유접游蝶 : 노니는 나비.
- 유인幽人 : 숨어사는 은자, 자연 속에 파묻혀 사는 사람이라는 말.

작자

장유는 17세기 유명한 문인으로 호는 계곡谿谷이다. 여러 관직에 나아갔으며, 성리학뿐만 아니라 천문, 지리, 의술, 병서 등에 능통하였다. 문집으로 『계곡선생집谿谷先生集』이 있다. 위의 시 외에도 「비 오는 날 국화를 감상하며 이웃집에서 조촐한 술자리를 갖다/雨中賞菊鄰家小飮」, 「오래 된 매화 그림 족자 두 폭에 제한 시/題古梅二障」 등 사군자 관련 시들이 있다.

* 장유(張維, 1587~1638)

국화를 심고 나서

남쪽 이웃에서 국화 얻어 동쪽 울타리에 심으니
아련한 안개비 속에 기름한 푸른 가지
무서리 속에 국화꽃 활짝 필적에
탁주 잔 기울이며 시 한번 지어야지
도연명은 울 가에서 너를 보며 취했고
굴원은 못 가에서 꽃잎 주워 배 채웠지
어찌 뭇 꽃들과 겉모양을 다툴소냐
홀로 천년이나 지기로 사랑받을 뿐인데

種菊	종국
南鄰乞菊蒔東籬	남린걸국시동리
煙雨冥冥長綠枝	연우명명장녹지
待到霜天開爛熳	대도상천개난만
濁醪相對賦新詩	탁료상대부신시
籬邊對酒陶潛醉	이변대주도잠취
澤畔餐英屈子飢	택반찬영굴자기
肯與衆芳爭物色	긍여중방쟁물색
獨憐千載愜心期	독련천재협심기

주석

- 이 시에는 '이장에게 증정하다/呈李丈'라는 부제가 붙어 있다.
- 시蒔 : 심다.
- 도잠陶潛 : 중국 진나라 시인 도연명陶淵明을 가리킨다.
- 굴자屈子 : 중국 초나라의 시인 굴원屈原을 가리킨다.
- 택반澤畔 : 못 가라는 말이다. 어부사漁夫辭에 '굴원이 쫓겨난 뒤 강담에서 놀았고 택반에서 읊었다/屈原旣放游於江潭 行吟澤畔'라고 하였다.
- 찬영餐英 : 꽃을 먹다. 굴원의 이소離騷에 '저녁엔 가을 국화의 떨어진 꽃을 먹네/夕餐秋菊之落英'라는 시구가 있다.
- 긍肯 : 어찌.
- 협愜 : 상쾌하다. 시원하다. 맞는다는 말이다. 협심기愜心期는 마음이 바라는 바에 맞는다는 말이다. 평소의 기대에 맞는다는 협소기愜素期와 같은 말이다.

* 강백년(姜栢年, 1603~1681)

난을 그리다

누가 천기를 누설하여 자란을 홀리는가
수고로이 가꾸지도 않고 붓 끝으로 피어냈네
바람 앞 눈 속에도 아무 탈 없지만
봄 향기 그리기 어려운 것이 한스러울 뿐

畫蘭	화란
誰泄天機幻紫蘭	수설천기환자란
不勞培埴落毫端	불로배식낙호단
風前雪裏渾無恙	풍전설리혼무양
只恨春香畫得難	지한춘향화득난

주석

- 설泄 : 누설하다. 흘리다.
- 천기天機 : 하늘의 비밀로, 조화造化의 은밀한 기틀을 말한다.
- 낙落 : 떨어지다. 여기서는 붓 끝에서 난이 떨어져 나왔다는 뜻으로 난을 그리는 것을 묘사한 것이다.
- 무양無恙 : 탈이 없다. 별일 없는지요? 라는 말로 편지에도 잘 쓰이는 표현이다.

작자

강백년은 조선 중기의 문신으로 호는 설봉雪峯이다. 관직 재직 중 청백하기로 이름이 높았으며 기로소에 들어갔다. 만년에는 고금의 가언嘉言과 선정에 관한 것을 수집하여 『대학大學』의 팔조를 모방하여 『한계만록閑溪謾錄』을 지었다. 동시東詩(과체시科體詩)에도 이름이 높았는데, 시문이 『설봉집雪峯集』에 남아 있다. 위의 시 외에도 「매화와 대/梅竹」, 「대나무와 국화를 읊다/詠竹與菊」 등과 같은 사군자 시가 있다.

* 홍우원(洪宇遠, 1605~1687)

정원에 가득한 푸른 대나무

사각사각 댓잎소리 정원에 가득하고
천 개의 푸른 옥 우뚝우뚝 서 있네
혼자서 도연명처럼 술독을 기울이니
그 누가 산음의 나그네 되어 주려나

籠園綠竹	농원녹죽
摵摵滿園竹	색색만원죽
亭亭千碧玉	정정천벽옥
自傾彭澤樽	자경팽택준
誰是山陰客	수시산음객

주석

- 농원籠園 : 정원에 가득하다. 농籠은 대그릇 농인데, 가득차다는 뜻이다.
- 색색摵摵 : 가지나 잎이 부딪치는 소리. 대나무가 서로 부딪치는 모습을 가리킨다.
- 팽택준彭澤樽 : 팽택은 강서성江西省의 지명. 진晉의 도잠陶潛이 이 곳 현령縣令을 지냈으므로 도연명의 별칭으로도 쓴다. 준樽은 술통이다.
- 산음객山陰客 : 산음의 나그네. 진의 왕휘지王徽之가 산음 사람이어서 그렇게 부른다. 왕휘지는 배를 타고 친구 대규를 찾아 갔다가 친구를 만나기도 전에 이미 만난 듯 흥이 다해서 그만 돌아왔다는 이야기가 전한다. 그래서 산음객이란 흥이 있어 찾아오는 손님을 가리키는 말로도 쓴다. 또 두목杜牧의 시에 '산음객이 아니라면 어느 누가 대나무를 사랑할까/不是山陰客 何人愛此君'라는 시구가 있다.

작자

홍우원은 17세기 문인 관료로 호는 남파南坡이다. 여러 관직에 나아갔으며, 안성의 남파서원南坡書院·백봉서원白峯書院에 제향되었다. 문집으로 『남파집南坡集』이 있다. 위의 시 외에도 「매화를 그리다/畫梅」, 「국화를 읊어 김장께 드리다/詠菊呈金丈」, 「국화를 심다/種菊」 등과 같은 많은 사군자 시가 있다.

* 송시열(宋時烈, 1607~1689)

국화를 옮겨 심다

옛 친구가 심은 동쪽 울타리 국화
옮겨다가 돌담 옆에 심었다네
마을에 좋은 술 익기를 기다려서
가을 꽃잎을 술잔에 띄워야지

移栽菊叢　　이재국총

故人東籬菊　　고인동리국
移來倚石墻　　이래의석장
竚待村醪熟　　저대촌료숙
秋英泛滿觴　　추영범만상

주석

- 이 시의 원제는 '홍원구의 국화를 옮겨 심다/移栽洪元九菊叢'이다. 홍원구는 병조좌랑, 예조정랑 등을 했던 홍석기(洪錫箕, 1606~1680, 호는 만주晩州)의 자字이다. 남원목사를 끝으로 임기를 마친 뒤 청주에서 후운정後雲亭을 짓고 송시열과 교유하며 여생을 마쳤다.
- 고인故人 : 오랜 친구, 홍원구洪元九를 말한다.
- 저대佇待 : 기다리다. 가만히 기다리다.
- 추영秋英 : 가을 꽃잎, 국화를 가리킨다.

작자

송시열은 17세기 대표적인 정치가이자 학자로 호는 우암尤菴이다. 사계 김장생을 만나 학문을 이어받으면서 기호학파의 최고봉을 이루었다. 북벌론 등 효종의 정치적 이념을 완성하였고, 예치의 실현을 강조하여 몇 차례 예송禮訟을 불러왔다. 숙종의 원자 책봉을 반대하다 제주도로 유배되었고 그해 6월 서울로 압송되어 오던 중 정읍에서 사약을 받고 운명하였다. 문집으로 『송자대전宋子大全』이 있다. 위의 시 외에도 「화분에 심어진 매죽 두 그루를 감상하다/賞梅竹二盆」, 「신백고가 매화 한 그루를 보냈으므로 시로 사례하다/申伯固送梅一樹詩以謝之」 등 많은 사군자 시가 있다.

* 고징후(高徵厚, 1646~ ?)

국화를 읊다

작은 풀 그윽하고 곧은 정취
바로 군자와 같아라
이런 사람 만날 수 없어서
다만 국화만 사랑한다네

詠菊	영국
微草幽貞趣	미초유정취
正猶君子人	정유군자인
斯人不可見	사인불가견
徒與物相親	도여물상친

주석

- 미초微草 : 하찮고 작은 풀.
- 정正 : 바로, 딱이라는 말이다.
- 도徒 : 다만.

작자

고징후의 본관은 개성이며, 자는 중구仲久이다. 아버지는 고효량高孝亮으로 현종 때의 문인이다. 1669년 역과譯科에 합격하여, 한학漢學을 전공 중국어 통역을 담당하였다.

* 윤두서(尹斗緖, 1668~1715)

대나무 숲

천 그루 여윈 그림자 강여울에 담겨 있어
울창한 숲 짙은 그림자를 온종일 본다네
고기 없는 밥상 마주해도 근심할 필요 없으니
세상 먼지가 나를 침범하지 못하기 때문이네

竹林	죽림
千竿瘦影蘸江湍	천간수영잠강단
積翠凝陰盡日看	적취응음진일간
不須對案愁無肉	불수대안수무육
能使塵埃莫我干	능사진애막아간

주석

- 이 시는 「삼가 가군의 죽도시에 차운하여/伏次家君竹島詩」 5수 가운데 한 수이다. 가군家君은 생부生父 윤이후尹爾厚를 가리키는데, 그의 죽도시竹島詩가 있어서 이를 차운한 것이다.
- 적취積翠 : 푸른색이 겹겹이 쌓여 있다는 뜻으로, 초목이 무성함을 형용한다. 여기에서는 울창한 대나무 숲을 가리킨다.
- 수무육愁無肉 : 고기 없는 것을 근심하다. 소동파의 시 「녹균헌綠筠軒」에 '밥에 고기가 없는 건 괜찮지만, 사는 곳에 대가 없게 해서는 안 되네. 고기가 없으면 사람을 수척하게 할 뿐이나 대나무가 없으면 사람을 속되게 한다. 사람이 수척한 것은 살찌게 할 수 있지만, 선비의 속됨은 고칠 수가 없다네/可使食無肉 不可居無竹 無肉令人瘦 無竹令人俗 人瘦尙可肥 士俗不可醫'라고 한 데서 온 말이다.

작자

윤두서는 조선의 문인학자이자 유명한 서화가로 호는 공재恭齋이다. 당쟁이 심하던 시기였기에 출사하지 않고 학문에 전념하며 시서화로 일생을 보냈다. 조선 후기 화단의 선구자로 불리며, 현재 심사정·겸재 정선과 함께 '조선의 삼재三齋'라고 하였다. 최초로 풍속화를 그렸고 「자화상」 등에서 보인 사실적인 화풍으로 조선후기 화단의 선구자로 불린다. 서화뿐만 아니라 실학자로서 천문지리, 수학, 병법 등 각 방면에 관심을 가졌다. 문집으로 『공재유고恭齋遺稿』가 있다.

* 강세황(姜世晃, 1713~1791)

대나무 그림

쓸쓸한 비가 내리는가 싶더니
바로 서늘한 바람이 이네
위천 땅 천 이랑 푸른 대나무
오묘하게 작은 부채 안에 들어왔네

竹圖	죽도
疑帶簫簫雨	의대소소우
仍生颯颯風	잉생삽삽풍
渭川千畝翠	위천천무취
幼入小扇中	요입소선중

주석

- 의대疑帶 : 아마도 의疑, 띠 대帶이다. 아마 무엇을 한다는 말이다.
- 소소우簫簫雨 : 소소簫簫는 쓸쓸한 모양. 스산하게 비가 오는 것을 말한다.
- 삽삽풍颯颯風 : 삽삽颯颯은 바람 소리. 쌀쌀한 바람이 부는 것을 말한다.
- 위천渭川 : 중국의 지명으로 대나무의 고장으로 알려져 있다. 위수渭水라고도 한다. 『사기史記』「화식열전貨殖列傳」에 '제로 지방에는 일천 이랑의 뽕나무와 삼이 있고, 위천에는 일천 이랑의 대나무가 있으니…… 이것을 소유한 사람들은 그 부가 모두 천호후와 맞먹는다/齊魯千畝桑麻 渭川千畝竹……此其人皆與千戶侯等'라고 하였다.
- 요幼 : 깊고 그윽하고 오묘하다. 어리다고 할 때는 유로 읽는다.

작자

강세황은 사대부 화가로 호는 표암豹菴이다. 느즈막에 벼슬에 나아갔고, 당대에 시·서·화 삼절三絶로 일컬어졌다. 그림 제작과 화평畵評 활동을 통해 '예원藝苑의 총수'로서 당시 화단에서 중추적인 구실을 하였다. 문집으로 『표암유고豹菴遺稿』가 있다.

* 홍양호(洪良浩, 1724~1802)

그윽한 난

그윽한 난이 빈 골짜기에 있고
흰 구름은 높은 산에 있네
난 향기를 주울 수 있고
구름 그림자도 잡을 수 있을 듯
저 아름다운 이 홀로 보이지 않으니
그를 따르고 싶지만 길이 험하구나

幽蘭	유란
幽蘭在空谷	유란재공곡
白雲在高山	백운재고산
蘭有香兮可掇	난유향혜가철
雲有影兮可攀	운유영혜가반
彼美一人獨不見	피미일인독불견
欲往從之道路艱	욕왕종지도로간

주석

- 시 형식이 독특하다. 글자 수가 일정하지 않아서 잡언시雜言詩라고도 하고, 글자가 늘어나서 층시層詩라고도 한다.
- 유란幽蘭 : 그윽한 난. 굴원屈原의 「이소離騷」에 '사람들의 좋아하고 싫어함이 같지 않지만, 당인들은 유독 더 특별하다네. 집집마다 쑥을 허리춤에 가득 차고는, 그윽한 난초는 찰 수 없다고 하네/民好惡其不同兮 惟此黨人其獨異 戶服艾以盈要兮 謂幽蘭其不可佩'라고 하였다.
- 철掇 : 줍다, 꺾다
- 반攀 : 붙잡고 오르다.
- 피미일인彼美一人 : 유란을 가리킨다.
- 도로간道路艱 : 길이 험하다는 말. 군자의 길을 뒤따르기가 어렵다는 뜻이다.

작자

홍양호의 호는 이계耳溪이다. 조선 후기의 문신으로 이조판서, 대제학 등을 역임하였다. 문집으로 『이계집耳溪集』을 비롯하여 많은 저술을 남겼다. 위의 시 외에도 「국화를 구하며/求菊」 등과 같은 사군자 시가 있다.

* 위백규(魏伯珪, 1727~1798)

난을 키우며

어여쁜 촉이 새로 자라 봄볕을 받으니
풍격이 아름다워 여러 꽃을 압도하네
정성스레 아침저녁 난을 키우는 뜻은
온 나라에 향기 날리는 때 오길 바라서라네

培蘭	배란
嫩芽新長趁春陽	눈아신장진춘양
風格依然壓衆芳	풍격의연압중방
慇懃日夕勤培意	은근일석근배의
爲待時來擅國香	위대시래천국향

주석

- 눈아嫩芽 : 어릴 눈嫩으로 어리고 예쁘다는 뜻이다. 싹 아芽이다. 난에서는 보통 촉이라고 말한다. 눈아는 어여쁜 촉이다.
- 진趁 : 좇을 진趁, 뒤쫓아 따라가다는 말이나 여기서는 봄볕을 받는다는 뜻으로 쓰였다.
- 은근慇懃 : 근심하다, 간절하다는 은慇. 정성스러울 근懃이다. 은근은 간절하다는 뜻으로 사용된다.

작자

위백규는 조선 후기의 실학자로 호가 존재存齋이다. 전라남도 장흥 관산에 있는 장천재長川齋에서 면학과 교화의 일을 맡았다. 68세가 되어서야 서영보의 천거로 기장·태인·옥과 현감 등을 하였다. 경학·지리·역사·의학 등에 관한 다방면의 관심이 문집 『존재집存齋集』을 비롯하여 『정현신보政絃新譜』·『환영지寰瀛誌』 등 많은 저술로 남아 있다. 이들 저술에는 향촌 생활을 통해 형성된 강한 경세적인 현실 비판 의식이 담겨 있다. 그의 시 가운데는 또 「분국/盆菊」이라는 작품도 있어서 국화를 기르며 키웠음을 알 수 있다.

* 이덕무(李德懋, 1741~1793)

남산의 국화

돌 아래 뻗어 나온 국화
휘어진 가지 시내에 비쳐 노랗다
시내에 가서 물을 움켜 마시니
손에도 향기 입에도 향기라네

南山菊	남산국
菊花欹石底	국화의석저
枝折倒溪黃	지절도계황
臨溪掬水飮	임계국수음
手香口亦香	수향구역향

주석

- 의석저欹石底 : 의欹는 의지하다. 기대다는 말이다. 돌 아래로 뻗어 나온 국화라는 뜻이다.
- 절折 : 꺾이다, 부러지다는 뜻. 휘어지다는 말로도 쓰인다.
- 국수음掬水飮 : 국掬은 움키다 움켜쥔다는 뜻이다. 국수掬水는 손으로 물을 뜨는 것이므로 양손으로 물을 떠서 마시는 것을 말한다. 예로부터 담수潭水의 국화수菊花水를 마시면 장수한다는 말이 있다.

작자

이덕무는 조선 후기의 실학자로 호는 청장관青莊館·영처嬰處 등이다. 박학다식하고 고금의 기문이서奇文異書에도 달통하였다. 문장에 개성이 뚜렷해 문명을 일세에 떨쳤으나, 서자였기 때문에 크게 등용되지 못하였다. 방대한 문집 『청장관전서青莊館全書』가 있다. 위의 시 외에도 「납매/蠟梅」, 「명오가 그린 대나무에 차운하다/次明五畵竹」 등과 같은 사군자 시가 있다. 특히 그는 직접 밀랍으로 매화를 만들어 '윤회매'라고 이름을 붙일 만큼 매화 사랑이 지극하였는데, 「윤회매십전輪回梅十箋」이라고 하여 그러한 과정을 글로 남기기도 하였다.

* 이덕무(李德懋, 1741~1793)

윤회매

품자매品字梅가 환하게 서안에 비추이니
먹을 수 있을 만큼 아름다운데 서향도 빌리었나
손끝으로 봄기운을 가득하게 펼쳐 놓았으니
「화사」에 밀랍으로 빚는 방법 새로 더해지겠지

輪回梅	윤회매
品字分明映縹緗	품자분명영표상
堪餐秀色借書香	감찬수색차서향
指頭春氣氤氳活	지두춘기인온활
花史新增鑄蠟方	화사신증주랍방

주석

- 이 시의 원제는 '이아탕 주인爾雅宕主人의 윤회매輪回梅 운韻을 차운하여 정이옥鄭耳玉 수琇에게 겸하여 보임'으로 8수 가운데 한 수이다. 또 다음처럼 주가 붙어 있다. '내가 밀랍으로 매화를 만들었는데 털로 만든 꽃술과 종이로 만든 꽃받침이 교랑皎朗하여 어여쁜지라 김 진사金進士 일여逸如 사의思義가 좋은 술 한 병으로 한 판[一板]을 사고, 또 정이옥鄭耳玉과 더불어 칠절시七絶詩를 지어 좌계左契를 삼았다. 윤회매輪回梅는 내가 이름 지은 것으로, 꽃가루가 모여서 밀랍蜜蠟이 되고, 다시 밀랍으로 꽃을 만들었으니 서로 순환한 것이다.'
- 표상縹緗 : 흔히 책을 이르는 말이다. 표는 담청색, 상은 엷은 황색인데, 이런 천으로 책의 표지를 만들었기에 쓰이게 되었다. 여기서는 책을 두는 서안書案이라는 뜻으로 쓰였다.
- 감찬堪餐 : 감堪은 '~ 하기에 충분하다'는 뜻이다. 먹고 싶을 만큼 충분하다는 뜻으로 쓰였다.
- 인온氤氳 : 음양의 두 기운이 뭉친 것을 말한다. 보통 짙은 향기를 가리킨다.
- 화사花史 : 꽃의 역사. 또 꽃의 역사를 정리한 책을 가리킨다.

* 이덕무(李德懋, 1741~1793)

대나무

꺼풀을 막 벗은 아름다운 댓가지
섬돌 위에 해 뜨니 그림자 옮겨지네
만고에 풍설을 얼마나 겪을런지
그대의 굳은 정절 내 능히 알고말고

竹	죽
錦繃初脫琅玕枝	금붕초탈낭간지
階上日高影轉移	계상일고영전이
萬古幾經風與雪	만고기경풍여설
此君清節我能知	차군청절아능지

주석

- 금붕錦繃 : 비단 금錦, 묶을 붕繃. 금붕은 비단 묶음이라는 뜻으로, 죽순竹筍을 둘러싼 아름다운 껍질을 말한다. 죽순의 순筍은 열흘 동안 죽순의 상태로 있다고 하여 열흘 순旬이 더하여져 만들어진 한자이다.
- 초탈初脫 : 비로소 벗겨진다는 말이다.
- 영전이影轉移 : 해가 높이 솟아 대나무 그림자가 이동하는 모습이다.
- 만고萬古 : 오랜 세월이라는 뜻이다.
- 능지能知 : 능히 알 수 있다. 오랜 세월 풍설을 겪었을 테니, 정절이 굳세다고 말한 것이다.

* 정조대왕(正祖, 1752~1800)

매화와 대나무

성긴 매화 외로운 촛불은 밤에 서로 친한데
금압 향로에 매화 향 더하니 따스하기 봄같구나
주렴 밖에 대 바람 소리 들리더니
옥룡의 비늘이 하늘 가득 날아가네

梅竹	매죽
疎梅孤燭夜相親	소매고촉야상친
金鴨添香煖似春	금압첨향난사춘
簾外時聞風撼竹	염외시문풍감죽
滿天飛動玉龍鱗	만천비동옥룡린

주석

- 이 시의 원제는 '금원의 서재에서 네 가지 경치를 읊다/禁苑書齋四詠'이다. 금원禁苑은 임금이 전용으로 사용하던 정원 즉 비원秘苑이다. 정조 임금은 이 비원을 좋아하여, 자주 머무르면서 글을 썼다.
- 금압金鴨 : 오리 모양을 도금한 구리 향로.
- 감죽撼竹 : 흔들 감撼으로, 대나무를 흔든다는 말이다.
- 옥룡린玉龍鱗 : 옥룡의 비늘, 죽순 껍질을 말한다.

작자

정조대왕은 조선 제22대 왕으로 재위기간은 1776~1800년이다. 이름은 이산李祘이며, 자는 형운亨運, 호는 홍재弘齋이다. 영조의 둘째아들인 장헌세자莊獻世子, 일명 사도세자思悼世子와 혜경궁 홍씨惠慶宮洪氏 사이에서 맏아들로 태어났다. 문화와 예술을 좋아하여 이를 장려하였고, 정치와 학문의 여가에 스스로 시서화를 즐기기도 하였다. 180권 100책에 달하는 방대한 문집『홍재전서弘齋全書』가 있다. 위의 시 외에도「대/竹」,「매화가 이미 활짝 피었으므로/梅已開矣」등과 같은 사군자 시가 많이 남아 있다.

* 정조대왕(正祖, 1752~1800)

매화가 피었을 때에 여러 가지를 읊다

매화꽃 성긴 꽃술에 달빛이 비치니
맑은 향기 옷깃에 닿음을 문득 깨달았네
요즘에는 동룡루에 한가한 밤이 많으니
머물러 매형과 함께 취하여 읊어 볼까

梅辰雜詠	매신잡영
寒英疎蘂月光侵	한영소예월광침
斗覺清香近我襟	두각청향근아금
銅龍近日多閒夜	동룡근일다한야
留與梅兄共醉唫	류여매형공취금

주석

- 매신梅辰 : 신辰은 때, 시기라는 말로, 여기서는 매화가 피었을 때를 가리킨다. 12지에서 용에 해당하는 뜻으로 쓸 때는 진辰이라고 읽는다.
- 한영寒英 : 차가운 꽃봉오리, 매화꽃을 말한다.
- 소예疎蘂 : 예蘂는 꽃 술, 꽃받침. 성길 소疎는 매화에서 추구하는 미의식으로 고매古梅에 드물게 핀 꽃을 좋아했던 미감을 반영한다. 소매疎梅, 소지疎枝 등으로 사용한다.
- 두각斗覺 : 갑자기 깨닫는다. 한유韓愈의 「답장십일공조答張十一功曹」 시에 '그대의 시를 읊고 나서 두 귀밑을 보니, 흰 머리털이 절반이나 더한 걸 갑자기 깨닫겠네/吟君詩罷看雙鬢 斗覺霜毛一半加'라고 한 데서 온 말이다.
- 동룡銅龍 : 동룡문銅龍門으로, 한漢나라 때 태자의 궁문宮門 위에는 동으로 만든 용이 있었으므로 태자궁을 이렇게 칭한다. 이 시는 정조대왕이 태자 시절에 지은 것으로 보인다.
- 매형梅兄 : 매화. 송나라 황정견黃庭堅의 시에 '향기 머금고 흰옷 입어 경성의 빛 띠었으니, 산반은 아우이고 매화는 바로 형이로세/含香體素欲傾城 山礬是弟梅是兄'라고 하였다. 산반은 흰 꽃이 피는 상록수인데, 이 시구로 인하여 아우의 별칭으로도 쓰인다.

* 정약용(丁若鏞, 1762~1836)

'당 앞의 붉은 매화'를 두고 짓다

대숲에 자리 잡은 그윽한 집
창 앞에는 한 그루 매화나무 서있네
꼿꼿하게 눈서리 견디어 내어
해맑게 티끌 먼지 벗어났구나
해 지나도 꽃소식 감감하더니
봄이 오자 스스로 활짝 피었네
그윽한 향기엔 진정 속기 없으니
붉은 꽃잎만 사랑스러운 게 아니지

賦得堂前紅梅　　부득당전홍매

窈窕竹裏館	요조죽리관
窓前一樹梅	창전일수매
亭亭耐霜雪	정정내상설
澹澹出塵埃	담담출진애
歲去如無意	세거여무의
春來好自開	춘래호자개
暗香眞絶俗	암향진절속
非獨愛紅腮	비독애홍시

주석

- 부득賦得 : '부득'은 얻어서 짓는다는 말이다. 옛사람이 쓴 글귀를 따와 제목으로 삼았다는 것을 가리킨다.
- 당전홍매堂前紅梅 : 당 앞의 붉은 매화. 이 시는 다산의 19세 때 작품으로 여겨지기에, 당은 화순현 관아의 공당公堂을 말한 듯하다.
- 죽리관竹裏館 : 당나라 왕유王維의 별장 이름이다. 『신당서新唐書』 「문예열전文藝列傳」에 '왕유의 별장이 망천에 있는데 그 지역의 경관이 매우 좋다. 화자강華子岡, 의호欹湖, 죽리관竹裏館, 유랑柳浪, 수유반茱萸沜, 신이오辛夷塢 등이 있어 배적裴迪과 그 속에서 놀면서 서로 시를 주고받으며 즐겼다.'라고 하였다.
- 홍시紅腮 : 붉은 뺨, 여기서는 홍매를 말한다.

작자

정약용은 조선 후기의 대표적인 실학자로 호는 다산茶山·여유당與猶堂 등이다. 정조의 총애를 받으며 여러 벼슬을 하였으나 청년기에 접했던 서학西學으로 인해 전라도 강진에서 18년간이나 유배생활을 하였다. 그는 이 유배기간 동안 자신의 학문을 집대성하여 『목민심서牧民心書』, 『경세유표經世遺表』 등 수많은 저술을 남겼다. 문집으로 방대한 『여유당전서與猶堂全書』가 있다. 위의 시 외에도 24구의 「매화/梅花」, 32구의 「부국화/賦菊花」 등과 같은 장편의 사군자 시들이 있다.

* 정약용(丁若鏞, 1762~1836)

죽취일

취한 대나무 언제나 깨려나
제 뿌리 옮겨져도 그는 모른다네
가지와 잎 다칠까 그것만 걱정이고
뿌리 옮겨가는 건 생각지도 않네

竹醉日	죽취일
竹醉何時醒	죽취하시성
根移竹不知	근이죽부지
唯憂枝葉損	유우지엽손
不念根荄移	불념근해이

주석

- 죽취일竹醉日 : 음력 5월 13일. 그날 대나무를 심으면 좋다고 한다.
- 성醒 : 술 깰 성이다. 술이 깰 때면 하늘의 별이 초롱초롱하게 보인다고 하여 별 성星을 붙여 만들어진 한자이다.
- 유우唯憂 : 오직 유唯, 걱정할 우憂이다.
- 근해根荄 : 해荄는 풀뿌리. 근해는 대나무 뿌리를 말한다.

* 정약용(丁若鏞, 1762~1836)

매조서정

파르르 새가 날아와
우리 집 매화나무에서 쉬네
향기 사뭇 짙어서
혼연히 찾아왔는지
여기에 머물러
화락하게 집 짓고 가정을 이루어 살아다오
꽃이 활짝 피고 나면
주렁주렁 그 열매도 가득 맺으리니

梅鳥抒情	매조서정
翩翩飛鳥	편편비조
息我庭梅	식아정매
有烈其芳	유열기방
惠然其來	혜연기래
爰止爰棲	해지해서
樂爾家室	낙이가실
華之旣榮	화지기영
有蕡其實	유분기실

주석

- 이 시는 정약용의 유명한 그림인 「매조서정梅鳥抒情」에 쓰인 제화시다. 그림은 한 쌍의 새가 앉아 있는 매화 가지를 그린 것이다. 화면의 하단에 위의 시경詩經체의 사언시四言詩와 함께 이 그림을 그린 내력을 적었다. 1813년에 다산초당에서 그렸음이 기록되어 있다. 그림이 그려진 배경은 강진에서 귀양살이를 하는 중에 아내 홍부인이 비단 치마 여섯 폭을 보내왔는데, 세월이 오래되어 색이 바래자 이를 여러 조각으로 나누어 4점은 두 아들에게 보내고 나머지로는 작은 장자障子를 만들어 딸아이에게 보냈다고 하였다.
- 편편翩翩 : 새가 훨훨 나는 모습이다. 고구려 유리왕이 지었다는 「황조가黃鳥歌」에 '훨훨 나는 저 꾀꼬리/翩翩黃鳥'라는 유명한 시구가 있다.
- 해지奚止 : 해奚는 '여기에' '이에'라는 뜻으로 쓰였다. 지止는 머물다는 뜻이다.
- 유분有蕡 : 들깨 분蕡이다. '주렁주렁'이라는 뜻으로 쓰였다.

* 신위(申緯, 1769~1845)

난 그림을 그리며

인물을 그림에 한을 그리기 어렵고
난을 그림에 향기를 그리기 어렵다네
향기도 그리고 한도 그려졌으니
아마도 그릴 때 애간장이 끊어졌으리

畵蘭	화란
畵人難畵恨	화인난화한
畵蘭難畵香	화난난화향
畵香兼畵恨	화향겸화한
應斷畵時腸	응단화시장

주석

- 시의 원제는 '금성여사 예향의 화란에 쓰다/題錦城女史藝香畫蘭'이다.
- 응應 : 마땅히, 아마도 라는 뜻이다.
- 단장斷腸 : 창자가 끊어지다. 극도의 그리움이나 슬픔을 가리키는 말이다. 새끼를 잃은 어미 원숭이의 슬픔을 나타내는 단장원斷腸猿에서 만들어졌다.

작자

신위는 조선 후기의 문신으로 호는 자하紫霞·경수당警修堂이다. 청나라에 서장관으로 다녀와서 중국의 많은 학자들과 교유하였다. 그는 글씨·그림 및 시에 능하여 당대에 대표적인 시서화 삼절이었다. 특히 대나무 그림에 능하여 조선시대 3대 묵죽화가로 꼽힌다. 말년에는 시흥의 자하산紫霞山에 은거하여 자하紫霞를 호로 삼았다. 문집으로 『경수당전고警修堂全藁』와 선시집인 『자하시집紫霞詩集』 등이 있다. 위의 시 외에도 「또 대나무 시를 쓰다/又題竹」, 「홍매백매/紅白梅」 등의 사군자 시가 있다.

* 신위(申緯, 1769~1845)

묵죽도

저녁 원림에 만 개의 대 그림자 어지럽고
상수 강물에는 지금도 푸른 자태 비치네
눈이 그치면 늘 매화와 짝을 이루고
서리 내릴 때는 국화와 서로 어울린다네

墨竹圖	묵죽도
晩園萬箇影參差	만원만개영참치
湘水而今映碧姿	상수이금영벽자
停雪慣同梅作侶	정설관동매작려
昌霜偏與菊相宜	창상편여국상의

주석

- 참치參差 : 들쭉날쭉 어지러운 모습을 가리킨다. 『시경』「주남周南 관저關雎」에 '들쭉날쭉한 마름 나물 좌우로 취하여 가리도다/參差荇菜, 左右采之'라고 하였다.
- 상수湘水 : 중국의 강 이름. 상수나 위수渭水 모두 다 대나무로 유명한 곳이다.
- 관慣 : 자주, 늘 이라는 뜻이다.
- 창상昌霜 : 창昌은 창성하다, 무성하다는 뜻이다. 창상은 서리가 무성하다는 뜻이다.
- 편偏 : 특별히, 다만 이라는 뜻이다.
- 상의相宜 : 의宜는 마땅하다, 어울린다는 뜻으로 상의는 서로 어울린다는 말이다.

* 삼의당 김씨(三宜堂 金氏, 1769~ ?)

구월 구일

늦가을 울타리에 국화는 노랗고
말없이 따고 따도 안 차는 광주리
누구 위해 잔에 술을 붓는가
좋은 철 잘 보내며 나를 아프게 말았으면

九月九日	구월 구일
秋晩東籬菊有黃	추만동리국유황
薄言採採不盈筐	박언채채불영광
爲誰酌彼盃中物	위수작피배중물
好送佳辰莫我傷	호송가신막아상

주석

- 박언薄言 : '말없이'라는 뜻이다. 원망이 섞인 표현이다.
- 배중물盃中物 : 잔 가운데 물체. 술을 가리킨다.
- 가신佳辰 : 아름다운 시절. 이 시에서는 좋은 철을 잘 보내지만, 이루어지지 못한 꿈을 슬퍼하는 뜻이 담겨 있다.

작자

삼의당 김씨는 조선 후기의 여성 문인으로 호가 삼의당三宜堂이다. 전북 남원에서 태어나 같은 마을에서 같은 날 태어난 담락당 하립과 혼인을 하였다. 32세 때 진안군 마령면 방화리로 이주하여 그 곳에서 시문을 쓰며 일생을 살았다. 글씨와 그림, 그리고 꽃 가꾸기를 좋아하여 삼의三宜라는 당호를 붙였다고 한다. 조선의 대표적인 부부시인으로 알려져 있다. 시문집으로 『삼의당유고三宜堂遺稿』가 1933년에야 뒤늦게 간행되었는데 여기에는 시 99편과 문 19편이 실려 있다.

* 김정희(金正喜, 1786~1856)

중양절 노란 국화

망울 맺은 노란 국화는 절 입구의 선인같이
비바람 속 울타리 가에 고요히 피어있네
시인에게 공양하려고 최후까지 기다리니
온갖 꽃 속에 너를 먼저 꼽는구나

重陽黃菊　　중양황국

黃菊蓓蕾初地禪　　황국배뢰초지선
風雨籬邊託靜緣　　풍우리변탁정연
供養詩人須末後　　공양시인수말후
襍花百億任渠先　　잡화백억임거선

주석

- 배뢰蓓蕾 : 막 피려는 꽃봉오리.
- 초지선初地禪 : 초지初地는 보살菩薩이 수행하는 계위階位인 52위 가운데 십지十地의 첫 단계, 곧 환희지歡喜地를 말한다. 국화 봉우리를 환희지의 선에 비유한 것이다. 보통 절, 사찰의 뜻으로도 쓰인다. 국화가 절 입구에 있는 선인 같다는 표현이다.
- 탁정연託靜緣 : 탁은 의탁하다는 뜻. 정연은 고요히 꾸미고 있는 모습이다. 울타리에 기대어 다소곳이 피어 있는 국화를 그린 말이다.
- 잡화襍花 : 잡襍은 섞일 잡雜의 본래 글자이다. 잡화는 온갖 꽃이라는 뜻이다.

작자

김정희는 조선후기 대표적인 실학자이자 서예가, 고증학자로 호는 추사秋史·완당阮堂 등이다. 제주로 유배를 가서 추사체秋史體라는 유명한 서체를 창안하였다. 난을 잘 그려 『난맹첩蘭盟帖』을 남겨 후대 화가들에게 큰 영향을 미치기도 하였다. 과천에 은거하면서 학예學藝와 선리禪理에 몰두하다가 생을 마쳤다. 문집으로 『완당선생전집阮堂先生全集』이 있다. 위의 시 외에도 「매화시에 차운하다/次梅花詩韻」, 「걸국/乞菊」 등과 같은 사군자 시가 있다.

* 김정희(金正喜, 1786~1856)

국화에 감사하며

하루아침 부자 되니 이렇게 기쁠 수가
피어난 꽃송이마다 황금빛 공이로구나
고독하고 맑은 곳에 화려한 네 모습이라니
봄날의 마음 변치 않으려 가을 추위에 맞서네

謝菊	사국
暴富一朝大歡喜	폭부일조대환희
發花箇箇黃金毬	발화개개황금구
最孤澹處穠華相	최고담처농화상
不改春心抗素秋	불개춘심항소추

주석

- 폭부暴富 : 갑자기 된 부자이다. 갑자기 졸猝을 써서 졸부猝富라고도 한다.
- 황금구黃金毬 : 황금빛 공. 노란 국화의 꽃송이를 공에 비유하였다.
- 농화상穠華相 : 꽃이 무성하게 핀 모습.
- 소추素秋 : 흰서리 내린 가을이다. 가을 추위를 말한다.

* 김정희(金正喜, 1786~1856)

불이선란

난 그림을 그리지 않은 지 이십년
우연히 하늘의 본성을 그려냈구나
문을 닫고 깊이깊이 찾아드니
이 경지가 바로 유마의 불이선일세
어떤 사람이 그 이유 설명하라 강요한다면
마땅히 유마처럼 사절 하겠네

不二禪蘭	불이선란
不作蘭花二十年	부작난화이십년
偶然寫出性中天	우연사출성중천
閉門覓覓尋尋處	폐문멱멱심심처
此是維摩不二禪	차시유마불이선
若有人强要爲口實	약유인강요위구실
又當以毘耶無言謝之	우당이비야무언사지

주석

- 이 시는 추사 김정희의 유명한 그림 「불이선란不二禪蘭」에 쓰여진 제화시이다. 이른바 절엽난화법折葉蘭畵法으로 그린 이 난 잎은 거친 붓으로 담담하게 몇 줄을 그었지만 바람을 맞아 한쪽으로 치우친 난의 초탈한 경지를 드러냈다. 난 그림을 그리지 않은 지 이십년 만에 그려낸 것이라 하였으니, 가슴 속에 응축된 난의 실체가 이러한 모습으로 표출된 것이라는 뜻이다.
- 유마維摩 : 유마힐을 가리킨다. 유마거사라고도 불리는 신도이다. 구마라습이 번역한 그의 소설경所說經이 널리 유포되어 있는데, 흔히 유마경維摩經이라고 한다.
- 불이선不二禪 : 유마힐 선禪의 경지를 난을 통해 표현한 것이다. 그래서 선禪과 난蘭이 서로 둘이 아니라는 뜻에서 '불이선란'이라고 하였다.
- 구실口實 : 무엇을 빙자하여 자기 말을 실하게 한다는 뜻이다. 필요한 이유를 설명한다는 말이다.
- 비야毘耶 : 옛 인도의 성城이름을 한자로 음역한 것이다. 석가모니가 이곳에서 설법할 때 유마힐 거사가 병을 핑계로 참석하지 않았다. 그러자 문수사리를 보내서 병문안 하면서 어떻게 불이법문不二法門에 들어갔느냐고 묻자 유마힐은 묵묵부답하였다. 그러자 이미 벌써 법문에 들어갔음을 알고 감탄하였다고 한다. 아무 말 없이 묘체妙諦를 깊이 터득한 것을 이르는 말이다. 또는 유마힐 거사를 가리키는 말로도 쓰인다.

* 조희룡(趙熙龍, 1789~1866)

매화

온갖 꽃의 으뜸이라 다시 짝이 없어
천지간의 우뚝한 기상이 이렇게 나타났구나
이미 봄바람이 아름다운 모습을 만들었으니
겨울비로 먼지를 씻을 필요도 없네
어찌 세상 밖의 어리석은 선비되어
미인이나 보았다고 잘못 말하고 있는가
그를 맞이하고자 하나 아득하여 머무는 곳이 없으니
외로운 봉우리만 이로부터 푸르게 솟아있네

梅花	매화
百花頂上更無隣	백화정상갱무린
磊落乾坤現在身	뇌락건곤현재신
已是春風生慧質	이시춘풍생혜질
不須凍雨洗煙塵	불수동우세연진
如何世外參畸士	여하세외참기사
錯道談邊見麗人	착도담변견려인
欲挹迢迢無處所	욕읍초초무처소
孤峰從此碧嶙峋	고봉종차벽인순

주석

- 재신現在身 : 몸으로 나타나다. 현신하다는 말이다.
- 기사畸士 : 기이한 선비. 보통 겸손의 뜻으로 쓰는 말이다.
- 려인麗人 : 아름다운 사람
- 인순嶙峋 : 우뚝 솟은 모습이다.

작자

조희룡은 조선후기 여항문인화가로 호는 우봉又峰이다. 시·글씨·그림에 모두 뛰어난 재주를 보였기에 '19세기 묵장의 영수'라고 부르고 있다. 그림은 사군자를 잘 그렸지만 특히 홍매紅梅 그림이 매우 뛰어났다. 『우해악암고又海岳庵稿』『석우망년록石友忘年錄』 등의 저술과 중인들의 최초 전기집 『호산외사壺山外史』 등을 남겼다. 그의 유작 중 가장 많은 수가 매화 그림인데 또 자신의 매화벽梅花癖을 상세히 적어 남기기도 하였다. 위의 시는 유재건이 편집하였던 『고금영물근체시』에 실려 있는 작자의 「매화 6수」라는 작품 가운데 한 수이다. 전남 신안군 임자도에 유배를 가서 그의 예술이 더욱 깊어졌는데, 최근 유적지를 복원하였고 작은 기념관도 지어져 있다.

* 김흥락(金興洛, 1827~1899)

오래된 대나무

오래된 대나무 만고풍상 다 겪어
부딪는 소리, 옥이 울리는 듯 애잔하여라
귀한 것은 궁할수록 더욱 굳어짐이라
어찌 심히 말랐다고 싫다 하리오

老竹	노죽
老幹飽風霜	노간포풍상
戛如哀玉鳴	알여애옥명
所貴窮益堅	소귀궁익견
何嫌太瘦生	하혐태수생

주석

- 포飽 : 배부르다. 충분하게 겪는 것을 말한다.
- 알여戛如 : 부딪치는 소리. 창이 부딪는 것을 알戛이라고 하였다.
- 하혐何嫌 : 싫어할 혐嫌이다. 하혐은 어찌 싫어하겠는가? 좋다는 말이다.

작자

김흥락의 호는 서산西山이며, 경상도 안동 출신이다. 한말 영남의 유학자로 학자·의병·독립운동가 등 많은 제자를 양성하였다. 사후 소계서당邵溪書堂에 입향되었으며, 저서로 『서산집西山集』이 있다. 위의 시 외에도 「매화를 읊다/詠梅」, 「황성윤면구의 팔죽영을 차운하다/次黃聖倫冕九八竹詠」 등과 같은 사군자 시가 있다.

* 최익현(崔益鉉, 1833~1907)

노란 국화

색깔도 좋지만 향기도 맑아
그야말로 처사가 기르는 거라네
봄날에 도리와 함께 하기 부끄러워서
느즈막이 가을날에 홀로 피는가

黃菊	황국
佳色兼淸馥	가색겸청복
端宜處士培	단의처사배
羞同桃李節	수동도리절
遲向九秋開	지향구추개

주석

- 청복淸馥 : 맑은 향기.
- 단의端宜 : 단정하고 올바르다는 뜻에서, 그야말로 라는 의미로 쓰인다.
- 도리절桃李節 : 복숭아, 오얏 피는 계절, 즉 봄날이라는 말이다.
- 구추九秋 : 9월의 깊은 가을을 이른다. 또 가을철 7월·8월·9월의 약 90일 동안을 이르기도 한다.

작자

최익현의 호는 면암勉菴이다. 경기도 포천 출신으로, 이항로를 스승으로 성리학을 배웠다. 한말 위정척사사상으로 항일운동을 이끌다가 대마도로 끌려가서 감옥에서 운명하였다. 문집으로 『면암집勉庵集』이 있다. 위의 시 외에도 「오늘이 바로 중양절인데 산천은 비록 다르나 국화는 여전히 피었으므로 느낀 바 있어 회포를 읊다/是日卽重陽也山川雖異黃花猶在感物述懷」 등의 사군자 시가 있다.

* 정석진(鄭錫珍, 1851~1896)

'난파' 시

아름다운 난 한 촉이 층계에 둘러 자라
사랑스런 그 향기 멀리서도 더욱 맑네
공자는 슬프면 옛 노래 부르고
굴원은 난을 엮어 아름다운 명성 차지하였네
지초와 향기 같아 우열을 가리기 어렵고
국화와 명성을 다툴 만하니 어느 것을 낫다 하리
굳은 절개 정숙한 자태는 어느 꽃도 따를 수 없으니
나의 마루 위에 걸고 내 마음을 맡기려네

蘭坡韻	난파운
猗蘭一朶繞階生	의란일타요계생
可愛幽香遠益淸	가애유향원익청
尼父傷心留古調	이부상심유고조
靈均爲佩擅芳聲	영균위패천방성
芝能同臭難兄弟	지능동취난형제
菊與齊名孰重輕	국여제명숙중경
孤節貞姿超凡卉	고절정자초범훼
扁吾軒上托吾情	편오헌상탁오정

주석

- 이 시는 난파 정석진의 '난파정사蘭坡精舍' 원운 시이다.
- 의란일타猗蘭一朶 : 앞서 설명하였지만 의란猗蘭은 공자의 의란조 고사와 어울려서 자주 사용되는 시어이다. 타朶는 꽃송이를 세는 말로 난은 보통 한 촉 두 촉이라고도 센다.
- 니부尼父 : 공자의 시호 선니공宣尼公이다.
- 영균靈均 : 굴원의 자字이다.
- 천방성擅芳聲 : 차지할 천 擅. 방성은 아름다운 소리로 아름다운 명성을 차지한다는 뜻이다.
- 편扁 : 걸다. 편액扁額이라고 한다.

작자

정석진은 구한말의 의병장으로 호는 난파蘭坡이다. 관리로서 동학군으로부터 나주성을 지켰고, 그 공으로 해남군수가 되었다. 그러나 1895년 일본인들이 민비閔妃를 시해하자 관직을 버리고 기우만奇宇萬 등과 더불어 나주에서 의병을 일으켜 국모의 원수를 갚고자 하였다. 그러나 뜻을 이루기 전 1896년 3월 서울에서 내려온 관군에게 체포되어 운명하였다. 저서로 『난파유고蘭坡遺稿』가 있다. 그의 나주에 있는 고택이 최근 문화공간으로 새롭게 단장되었다.

* 황현(黃玹, 1855~1910)

혈죽

대나무가 흙이 아닌 공중에 뿌리 내리는 건
충정과 의리의 근본이 하늘이기 때문이네
산과 물 색이 변하고 오랑캐도 놀랐으니
임금께서 이 말 듣고 흐르는 눈물 비 오듯
네 떨기 아홉 줄기 푸른 잎이 피어나서
서른 셋 댓잎은 어찌 그리 아름다운지
옷 향기 여전하고 칼은 녹슬지 않았으니
마치 자결하는 때를 다시 보는 듯하네
(절선)

血竹	혈죽
竹根於空不根土	죽근어공불근토
認是忠義根天故	인시충의근천고
山河改色夷虜瞠	산하개색이로당
聖人聞之淚如雨	성인문지루여우
四叢九幹綠參差	사총구간록삼차
三十三葉何猗猗	삼십삼엽하의의
衣香未沫刀不銹	의향미말도불수
怳復重見含刃時	황부중견함인시

(節選)

주석

- 충정공忠正公 민영환(閔泳煥, 1861~1905)이 1905년 자결한 다음 해 4월 그의 영연靈筵 뒤쪽 마루에서 푸른 대나무가 솟아 나왔다. 자결한 칼과 피 묻은 옷을 갈무리해 두었던 땅에서 나온 것이다. 모두 네 그루에 아홉 가지였고 잎이 33잎이었다. 이를 '혈죽血竹'이라고 불렀는데, 당시 이에 대한 여러 사람들의 시가 남아 있다. 이 혈죽은 시대가 만들어낸 특별한 대나무 이미지이다. 모두 26구로 되어있는 이 시도 그 가운데 한 수이다.
- 근어공根於空 : 공중에 뿌리내리다. 나라를 잃어버림을 묘사한 것이다.
- 이로당夷虜瞠 : 이로는 일본을 가리킨다. 당瞠은 놀라다는 뜻이다.
- 함인含刃 : 칼날을 물다. 자결함을 가리킨다.

작자

황현은 한말의 대표적인 우국시인이다. 본관은 장수長水이고, 자는 운경雲卿, 호는 매천梅泉이다. 전라남도 광양에서 태어났는데, 구례에서 오랫동안 살았다. 청년시절 과거를 보기 위해 서울에 가서 문명이 높던 강위·이건창·김택영 등과 깊이 교유하였다. 1910년 한일병탄이 이루어진 때, 전남 구례에서 음독하여 자결하였다. 그가 죽기 전에 쓴 「절명시絶命詩」는 널리 알려졌으며, 문집으로 『매천집梅泉集』·『매천야록梅泉野錄』 등이 있다. 위의 시 외에도 「석정의 십죽도/石亭十竹圖」, 「눈 속에서 매화를 보고 싶어/雪中思見梅花」 등과 같은 여러 사군자 시가 있다.

* 서병오(徐丙五, 1862~1935)

국화

굴원이 먹은 뒤 그 이름 널리 전해졌고
도연명이 딴 뒤 그 향기 그치지 않았네
눈처럼 희고 잔나비처럼 붉은 여러 종류 있지만
그 중에서도 황색 국화가 가장 좋다네

菊花	국화
楚人餐後名傳遠	초인찬후명전원
晋士採來香不休	진사채래향불휴
雪白猩紅多別種	설백성홍다별종
世知黃色最居頭	세지황색최거두

주석

- 이 시는 작자가 중국에서 그린 국화 그림에 대한 제화시이다.
- 초인楚人 : 굴원屈原을 말한다.
- 진사晋士 : 도연명陶淵明을 말한다.
- 성홍猩紅 : 성성이 성猩, 보통 붉은 빛을 가리키는 말로 쓰인다.
- 거두居頭 : 머리에 자리 잡다. 가장 앞선다는 말이다.

작자

서병오는 근대 서화가로 호는 석재石齋이다. 일찍이 창암 이삼만의 제자인 서석지에게 글씨를 배웠다. 중년에 중국 상해上海로 가서 그곳에 망명 중이던 민영익과 친밀히 교유하였다. 또 그의 소개로 당시 활동하던 유명한 중국인 서화가 포화蒲華·오창석吳昌碩 등과도 깊이 교류하였다. 그림 외에도 여러 방면에 능하여 팔능거사八能居士라는 별칭도 얻었다. 1922년 교남서화연구회嶠南書畫研究會를 만들어 서화연구생들을 지도하였으며, 영남 지역의 대표적 서화가로 큰 명성을 이루었다.

* 오세창(吳世昌, 1864~1953)

뿌리가 드러난 난 그림

아름다운 난 넓게 심어져 실로 많은 종류 있지만
먹물로 친 두세 포기 그려진 난에는 못 미치리
오늘날 나라 향기 쇠잔하여 다 떨어졌어도
왕손과 놀던 아름다운 꽃은 하늘가에 가득하리

露根墨蘭圖	노근묵란도
漪蘭九畹誠多種	의란구원성다종
不及墨池三兩花	불급묵지삼량화
此日國香零落盡	차일국향영낙진
王孫芳草遍天涯	왕손방초편천애

주석

- 이 시는 작자가 민영익(閔泳翊, 1860~1914)의 '뿌리가 드러난 난 그림/露根墨蘭圖'를 보고 지은 시이다. 당시 민영익은 상해上海로 망명하여 '천심죽재千尋竹齋'에 거처하면서 중국의 여러 예술가들과 교류하고 있었다.
- 노근묵란露根墨蘭 : 뿌리를 드러낸 난 그림이다. 뿌리를 드러낸 난은 일찍이 원나라 초에 정사초鄭思肖가 그렸다. 흔히 나라 잃은 설움을 가탁한 것이라고 말해진다.
- 구원九畹 : 넓은 난 밭이라는 말이다. 일찍이 굴원이 구원의 난을 심었다고 한다. 원畹은 밭의 면적을 나타내는 단위이다.
- 왕손방초王孫芳草 : 왕손이 즐겨 놀던 아름다운 풀이라는 말이다. 흔히 왕손은 아름답고 훌륭한 사람들을 가리키는 말이다.

작자

오세창은 일제 강점기 언론인, 독립운동가이자 서화가로 호는 위창葦滄이다. 우리나라 역대 서화가들의 사적과 평전을 수록한 사서辭書 『근역서화징槿域書畵徵』을 출간하였고, 역대 편지를 모은 『근묵槿墨』, 또 우리나라 그림을 모은 『근역화휘槿域畵彙』, 우리나라 문인화가 도장을 모은 『근역인수槿域印藪』 등을 통해 당시 불모지였던 한국 미술사 연구에 불멸의 업적을 남겼다.

* 한용운(韓龍雲, 1879~1944)

떨어지는 매화꽃을 바라보며

한평생 우주를 펄펄 살릴 계책인 양
찬 매화 옛날같이 절에 가득 피었네
머리 돌려 삼생의 일을 묻고자 하니
유마힐처럼 조용히 꽃은 반이나 떨어져 있네

觀落梅有感　　관낙매유감

宇宙百年大活計　　우주백년대활계
寒梅依舊滿禪家　　한매의구만선가
回頭欲問三生事　　회두욕문삼생사
一秩維摩半落花　　일질유마반낙화

주석

- 대활계大活計 : 크게 살리려는 계책. 우주에다 큰 활기를 불어넣는 것이다.
- 삼생사三生事 : 전생前生, 현생現生, 내생來生의 일을 가리킨다. 진리의 깨달음을 말한다.
- 일질유마一秩維摩 : 한결같은 유마힐이라는 뜻으로 흔히 늘 말없이 진리를 설파하는 것을 말한다. 차례 질秩은 항상이라는 뜻으로 쓰였다. 일질은 늘, 한결같다는 뜻이다. 질은 다르게는 10년이라는 뜻도 있어 일질은 10년을 가리키기도 한다.

작자

한용운은 일제 강점기의 승려로 법호는 만해萬海이다. 어렸을 때 향리 서당에서 10년 동안 한학漢學을 익혔다. 설악산 백담사百潭寺에서 정식으로 득도得度하였고, 그 뒤 한문으로 된 불경을 우리말로 옮기는 일, 즉 불교의 대중화 작업에 주력하였다. 1910년에는 불교의 유신을 주장하는 논저 『조선불교유신론』을 저술하였다. 3·1독립운동 때 백용성 등과 함께 불교계를 대표하여 민족대표 33인 가운데 한 사람으로 참여하였다. 1926년 한국 근대시의 기념비적 작품으로 인정받는 대표적 시집 『님의 침묵』을 발간하였다. 1935년 장편소설 「흑풍黑風」을 연재하는 등 소설 창작에도 힘썼다. 1944년 6월 29일 서울 성북동의 심우장尋牛莊에서 별세하였다. 그는 시와는 별도로 많은 한시와 시조, 그리고 소설 작품도 남기고 있다.

* 허백련(許百鍊, 1891～1977)

국화와 술동이를 그리다

울타리 아래 국화를 심고 가을 술을 빚었는데
술이 익으니 꽃이 피고 친구가 찾아온다네
꽃은 웃고 사람은 노래하니 참으로 아름다움 모습
그 그림자도 거꾸로 비추어 술잔에 가득차네

寫菊樽　　　사국준

籬根種菊引秋釀　　이근종국인추양
酒熟花開有友來　　주숙화개유우래
花笑人歌眞妙節　　화소인가진묘절
況他樹影倒盈杯　　황타수영도영배

주석

- 국준菊樽 : 국화와 술동이. 혹은 국화주를 담은 술동이를 말한다. 보통 국화를 그리면서 항아리를 그린 경우는 국화주를 나타내기 위한 것이다.
- 추양秋釀 : 양釀은 술이다. 가을 술, 국화주를 말한다. 흔히 국화꽃을 잘 말려서 초봄에 국화주를 담는다, 가을이 되면 중양절에 국화주를 마시는 풍습이 있었다.
- 화소花笑 : 꽃이 웃는다. 흔히 꽃이 활짝 피어난 모습을 가리킨다.

작자

허백련은 20세기 한국 남종화를 집대성한 대표적인 서화가로 호는 의재毅齋이다. 그는 진도출신으로 전통을 잘 이어받아 일찍이 미산 허형으로부터 그림을 배웠고 일본에 유학하기도 하였다. 뿐만 아니라 농업기술학교를 설립하는 등 교육 운동의 전면에 서서 당시 사회발전을 위하여 헌신하였다. 광주 무등산 아래에 춘설헌春雪軒을 짓고 그림을 그리면서 연진회鍊眞會를 설립하여 후학을 길렀다. 이 시는 독립운동가 지운 김철수 등과 주고받은 시를 모은 그의 시집 『근인당창화집近仁堂唱和集』에 실려 있다.